AF389286

POESIES SACRE'ES,

ET

MORALES.

Aut: de Lyon N°. 13598.

POESIES SACRÉES.

DEDIÉES

A MESDAMES

DE FRANCE,

Madame VICTOIRE, Madame SOPHIE & Madame LOUISE.

---

*Par M. l'Abbé S * * *.*

A PARIS,

Chez la Veuve CAILLEAU, Libraire, rue
S. Jacques, au-dessus de la rue des
Mathurins, à S. André.

M. DCC. LI.

Avec Approbation & Privilege du Roi.

A

MESDAMES.

ESDAMES,

CES Poesies Sacrées, qui paroissent en Public sous votre glorieuse Protection, sembloient avoir une espéce de droit de la reclamer, ayant été composées à dessein de vous être préfentées, dans le tems que leur Auteur avoit l'honneur d'être à votre fervice. Je me fuis apperçu le premier, MESDAMES, qu'une telle entreprife étoit au-deffus de mes forces, & qu'elle auroit demandé un génie rempli de ce feu facré qui anima les Prophétes ; mais je n'ai pû réfifter au defir flatteur de témoigner mon zéle, & de contribuer autant que je le pouvois à nourrir cette piété folide que vous avez puifée dans le fein de la Religion dès votre plus tendre enfance ; & que vous faites briller à la Cour avec tant d'édification. Heureux, MESDAMES, fi je puis réuffir dans ce projet ; & fi ce petit Ouvrage, en attirant vos regards, peut vous rappeller le fouvenir de mon dévouement éternel, & du profond refpect avec lequel j'ofe me dire,

MESDAMES,

Votre très-humble & très-
obéiffant ferviteur S***

AVERTISSEMENT.

LA premier Partie de ces Poësies Sacrées contient les plus beaux endroits d'Isaïe, & de quelques autres Livres Saints, recueillis, & mis en Stances régulieres ; travail que perfonne jufqu'ici ne paroît avoir entrepris. La feconde renferme quelques Pfeaumes & quelques Cantiques, que je me fuis attaché à traduire le plus fidellement qu'il m'a été poffible, perfuadé que les Traductions qui peuvent rendre avec le plus de netteté, & de précifion le texte Sacré, font celles qui confervent le mieux fon onction ; & qui ont le plus de force pour porter à la piété. On fera peut-être furpris que ne faifant point profeffion de cultiver la Poëfie j'aie ofé entreprendre un

Ouvrage de cette délicateſſe. J'ai ſuffiſamment exposé dans l'Epitre dédicatoire les raiſons qui m'y ont engagé ; & m'étant flatté que le Public en pourroit tirer quelque avantage, je me ſuis déterminé à lui faire part de ce travail.

POESIES

POESIES SACRÉES.
PREMIERE PARTIE.

ODE I,

Tirée du 1. Chapitre d'Isaïe.

Où se trouve la Prédiction clairement énoncée de cette réprobation dans laquelle sont les Juifs, depuis qu'ils ont trempé leurs mains dans le sang du Messie. Le Prophete leur reproche leur ingratitude envers Dieu qui doit attirer sur eux, & sur leur pays, les plus terribles fléaux de la vengeance divine, jusqu'à ce que le tems soit venu de leur délivrance, qui doit rétablir Sion dans sa splendeur.

QUEL nouveau transport Lyrique!
Quel trouble! Quel saint effroi!
Est-ce l'esprit prophétique
Qui vient s'emparer de moi?

Quel refpectable délire !
Le Dieu de Jacob m'infpire
D'annoncer fes vérités.
Mortels, je fens fa préfence :
Terre & Cieux faites filence,
C'eft lui qui parle : écoutez. *a*

 ,, J'ai mis des enfans au monde
 ,, Qu'avec grand foin j'ai nourris ;
 ,, Et loin qu'aucun y réponde,
 ,, Ils n'ont pour moi que mépris.
 ,, L'animal irraifonnable,
 ,, Le Bœuf connoît fon étable,
 ,, Du Pâtre il entend la voix ;
 ,, Mais Ifraël, pour fon Maître
 ,, Refufe de me connoître ;
 ,, Et brave aujourd'hui mes Loix. *b*

Malheur à toi race impie.
Enfans pleins d'iniquités,
Loin du fentier de la vie
Vous vous êtes écartés.

---

a Vifio Ifaïæ filii Amos, quam vidit fuper Judam & Jerufalem in diebus Ofiæ, Joathan, &c.... 1. Audite cœli, & auribus percipite terra quoniam Dominus locutus eft.

b Filios Enutrivi, & exaltavi : ipfi autem fpreverunt me. Cognovit bos poffefforem fuum, & afinus præfepe Domini fui : Ifraël autem me non cognovit, & populus meus non intellexit. *v.* 3.

En quittant le Dieu suprême,
Vous blasphêmez son nom même:
Tout en vous n'est que péché.
C'est un Corps plein de blessures,
Et si couvert de soüillures,
Que tout membre en est taché. *c*

Vos terres sont désolées:
Tout au Vainqueur est soumis;
Et vos Cités sont brûlées
Par le feu des Ennemis.
Tous les peuples de la terre
Ravageront par la guerre
Cette triste Région :
Comme une Ville en ruïne,
Ou telle que la Chaumine,
On désertera Sion. *d*

Ingrats, écoutez encore
Ce que vous dit le Seigneur :

---

c Væ genti peccatrici, populo gravi iniquitate, semini nequam, filiis sceleratis: dereliquerunt Dominum, blasphemaverunt sanctum Israël, abalienati sunt retrorsùm.... Omne caput languidum, & omne cor mœrens, à plantâ pedis usque ad verticem non est in eo sanitas. *v*. 4, 5 & 6.

d Terra vestra deserta, civitates vestræ succensæ igni. Regionem vestram coram vobis alieni devorant, & desolabitur sicut in vastitate hostili : Et derelinquetur filia Sion ut umbraculum in vineâ, & sicut tugurium in cucumerario, & sicut civitas quæ vastatur. *v*. 7 & 8.

» Comprens peuple de Gomorrhe
» La Loi de ton Créateur.
» Vains Mortels chargés de crimes,
» Que me servent vos victimes?
» Bois-je le sang des Chevreaux?
» N'offrez plus en sacrifice
» Le Taureau, ni la Génisse,
» Ni les Boucs, ni les Agneaux. *e*

» N'allez point au Sanctuaire,
» Pour m'offrir de tels présens.
» Ces dons ne sçauroient me plaire:
» Je déteste votre encens.
» Vos vaines Néoménies,
» Votre Sabat, vos Féries,
» Tout cela m'est odieux.
» Je ne veux point vous entendre:
» Vos mains auront beau s'étendre,
» J'en détournerai mes yeux. *f*

---

e Audite verbum Domini principes sodomorum, percipite auribus legem Dei nostri populus Gomorrhæ. Quo mihi multitudo victimarum vestrarum dicit Dominus? plenus sum. Holocausta arietum, & adipem pinguium, & sanguinem vitulorum & agnorum, & hircorum nolui. *v.*10 & 11.

f Cum veneritis ante conspectum meum, quis quæsivit hæc de manibus vestris, ut ambularetis in atriis meis? Ne offeratis ultrà sacrificium frustrà: incensum abominatio est mihi. Neomeniam, & Sabbatum, & festivitates alias non feram... Calendas vestras, & solemnitates vestras, odivit anima mea... & cùm extenderitis manus vestras, avertam oculos meos à vobis: & cùm multiplicaveritis orationem, non exaudiam. *v.*12, 13, 14 & 15.

» Scélérats, vos mains perfides
» Sont encor teintes de sang.
» Lavez ces mains homicides ;
» Montrez un cœur innocent ;
» Qu'il soit pur, qu'il soit fidelle ;
» Suivez la route nouvelle
» Qui peut vous conduire au bien.
» A ma voix soyez dociles :
» Des Veuves & des Pupiles
» Soyez l'aide & le soutien. *g*

Venez voir comment Dieu change
En vertu l'iniquité !
Mais quel changement étrange
Se trouve dans sa Cité !
Autrefois ville fidelle,
Le juste habitoit chez elle.
Pour rendre ses jugemens :
Ville à présent meurtriere,
Elle est l'affreuse taniere
Des plus infâmes brigands. *h*

---

g Manus vestræ sanguine plenæ sunt. Lavamini, mundi estote, auferte malum cogitationum vestrarum ab oculis meis... discite benefacere : quærite judicium, subvenite oppresso, judicate Pupillo, defendite Viduam. *v.* 16 *&* 18.

h Venite, & arguite me, dicit Dominus : si fuerint peccata vestra ut coccinum, quasi nix dealbabuntur ... Quomodo facta est meretrix civitas fidelis, plena judicii ? justitia habitavit in eâ, nunc autem homicidæ. *v.* 18 *&* 21.

Dans le funeste divorce
Qu'elle a fait avec l'honneur,
Son vin a perdu sa force,
Et son argent sa couleur.
De ces plages criminelles
Les Princes sont infidelles,
Associés aux voleurs :
L'amour des dons, l'avarice,
Ne permet pas qu'en justice
Ils entendent les Mineurs. *i*

Le Dieu fort, dit : » Je m'offense
» Des crimes qu'ils ont commis :
» Je sçaurai tirer vengeance
» De ces lâches ennemis.
» Un jour, terre Israëlite,
» Tu sentiras ma visite :
» Vers toi j'étendrai ma main,
» Et ta ville si chérie
» Sera pour lors rétablie
» Dans un éclat tout divin. *l*

---

i Argentum tuum versum est in scoriam : vinum mistum est aquâ. Principes tui infideles, socii furum : omnes diligunt munera, sequuntur retributiones. Pupillo non judicant. *v.* 22 & 23.

l Propter hoc ait Dominus Deus exercituum fortis Israel : Heu ! . . . vindicabor de inimicis meis & convertam manum meam ad te, & excoquam ad purum scoriam tuam, & auferam omne stannum tuum. *v.* 24 & 25.

» Ses Juges dans leur office
» Seront tels qu'ils ont été,
» Administrans la juftice
» Dans la premiere équité.
» Après je veux qu'on l'appelle
» La Cité fainte & fidelle :
» Sion reprendra fes droits.
» Elle écrafera l'impie,
» Qui de l'Auteur de la vie
» N'a point écouté la voix. *m*

m Et reftituam judices tuos ut fuerunt priùs, & Confiliarios tuos ficut antiquitus: poft hæc vocaberis civitas jufti, urbs fidelis : Sion in judicio redimetur ; & reducent eam in juftitiâ : & conteret fceleftos, & peccatores fimul : & qui dereliquerunt Dominum, confumentur. *v.* 26 & 28.

ODE II.

Tirée du 2. Chapitre d'Isaïe.

Où le Prophete fait l'éloge de cette sainte Montagne où la Loi nouvelle devoit être prêchée: Il prédit la réprobation des enfans de Jacob, & la vengeance que Dieu tirera des crimes des hommes au jour du jugement dernier, auquel les orgueilleux seront humiliés, & le Seigneur sera seul exalté.

TELS qu'on voit les coteaux dominer les cam-
    pagnes,
  Tel le Mont du Seigneur un jour
Paroîtra surpasser les plus hautes Montagnes,
Attirant les regards des peuples d'alentour.
  Les Nations accourant toutes,
  Diront : Montons au Mont Sacré *a*

---

a Et erit in novissimis diebus præparatus Mons Do-
mus Domini in vertice montium, & elevabitur super
colles, & fluent ad eum omnes gentes... & dicent : venite & ascendamus ad mon-
tem Domini, & ad Domum
Dei Jacob, & docebit no
vias suas... quia de Sion exi-
bit Lex, & verbum Domi-
ni de Jerusalem. *v.* 2 *&* 3.

Où le Dieu de Jacob doit être révéré.

C'eſt-là que le Seigneur nous montrera ſes routes :

De Sion ſortiront ſes Loix ;

Et dans Jeruſalem on entendra ſa voix.

Il reprendra les mœurs des peuples de la terre,

Il changera la lance en faulx ;

Et fera ſuccéder aux horreurs de la guerre

Les charmes de la paix & du plus doux repos.

Marche Jacob dans ſa lumiere,

Qui te montre la vérité.

Mais ce peuple, Seigneur, ta main l'a rejetté,

Souffrant qu'il ſe livrât à ſon erreur groſſiere,

Lorſque ſemblable aux Philiſtins

Il a prêté l'oreille aux fables de Devins. *b*

En métal le plus pur la terre entiere abonde.

L'or eſt ſemé de toutes pars.

Ce ne ſont que tréſors : on ne voit dans le monde

Que chevaux attelés aux plus ſuperbes chars.

---

b Et judicabit gentes & arguet populos multos : & conflabunt gladios in vomeres, & lanceas ſuas in falces : … nec exercebuntur ultrà ad prælium. Domus Jacob venite, & ambulemus in lumine Domini : projeciſti enim populum tuum, Domum Jacob : quia repleti ſunt ut olim, & augures habuerunt ut Philiſtiim, & pueris alienis adhæſerunt. *v.* 4, 5 & 6.

D'idoles la terre eſt remplie ;
Et les ſacriléges humains
Adorent inclinés l'ouvrage de leurs mains.
Souffriras-tu, Seigneur, pareille idolâtrie ;
Et verras-tu ſans te venger *c*
L'homme aux piés de ces Dieux qu'il a ſçu ſe forger.

Rentrez, honteux Mortels, dans le ſein de la terre
A l'aſpect de ce Dieu vengeur.
Cherchez, pour vous cacher, les fentes de la pierre
Lorſque le Tout-puiſſant viendra dans ſa ſplendeur.
Ce jour ſi digne de mémoire
Abattra l'orgueil des humains.
Que deviendront alors ces coupables hautains ?
Ils verront l'Eternel dans le jour de ſa gloire
Briſer les chénes de Baſan,
Les cedres & les pins les plus hauts du Liban. *d*

Ce jour abaiſſera le Mont & la Colline :
Le plus fort mur, la haute tour,

---

c Repleta eſt terra argento & auro : & non eſt finis theſaurorum ejus : & repleta eſt terra ejus equis : & innumerabiles quadrigæ ejus : Et repleta eſt terra ejus Idolis : opus manuum ſuarum adoraverunt, quod fecerunt digiti eorum. Et incurvavit ſe homo, & humiliatus eſt vir : ne ergo dimittas eis. *v. 6, 8 & 9.*

d Ingredere in petram, & abſcondere in foſsâ humo à facie timoris Domini, & à gloriâ Majeſtatis ejus… Quia dies Domini exercituum ſuper omnem ſuperbum & excelſum & ſuper omnem arrogantem ; & humiliabitur, & ſuper omnes cedros Libani ſublimes, & erectas, & ſuper omnes quercus Baſan. *v. 10, 11, 12 & 13.*

Et les plus beaux palais tomberont en ruine :
Le Seigneur fera seul exalté dans ce jour.

L'homme jettera dans les ondes

Cet argent, cet or précieux,

Dont il avoit formé l'image de ses Dieux ;

Et cherchera l'abri des cavernes profondes,

Saisi d'effroi, saisi d'horreur,

Lorsque Dieu frapera la terre en sa fureur. e

---

e Et super omnes montes excelsos, & super omnes colles elevatos, & super omnem turrim excelsam, & super omnem murum munitum... & super omne quod visu pulchrum est... & elevabitur Dominus solus in die illâ... In die illâ projiciet homo idola argenti sui ; & simulacra auri sui... & ingredietur scissuras petrarum, & in cavernas saxorum, à facie formidinis Domini, & gloriâ Majestatis ejus, cùm surrexerit percutere terram. v. 14, 15, 16, 18, 20 & 21.

ODE III.

Tirée du Chapitre 5. d'Isaïe.

*Où sous la figure d'une vigne stérile, aban-
donnée au pillage, il prophétise l'ingratitude du peuple Israëlite envers Dieu, laquelle doit attirer sa réprobation. Le Prophete y fait la description de divers péchés
des Juifs, qui excitoient contr'eux la colere
céleste, laquelle, pour les punir, devoit les
livrer entre les mains des ennemis les plus
cruels.*

L E maître d'un riche héritage
De sa vigne esperoit du fruit;
Mais en vain : un raisin sauvage
Est l'unique qu'elle a produit.
La vigne du maître immortel
C'est la famille d'Israël.
» J'attendois des fruits de justice,
Dit Dieu justement irrité;

» Mais ce peuple, plein de malice,
» N'eſt fécond qu'en iniquité. *a*

De ce plan de vigne inutile
Que prétend faire le Seigneur ?
» Je veux, repond-il en fureur,
» Qu'on foule aux pieds ce fonds ſtérile.
» J'en veux faire un affreux déſert
» Qui d'épines ſoit tout couvert,
» Où logent les bêtes ſauvages.
» Qu'il demeure inculte à jamais !
» Je ferai défenſe aux nuages
» De pleuvoir ſur lui déformais. *b*

Malheur à vous, Iſraëlites,
Qui joignez maiſons à maiſons;
Et par l'achat de nouveaux fonds
Etendez au loin vos limites :
Vous qu'on voit dès le grand matin
Se livrer aux excès du vin:

---

a Cantabo dilecto meo can-
ticum patruelis mei vineæ
ſuæ. Vinea facta eſt dilecto
meo in Cornu filii olei, &
ſepivit eam... & expectavit
ut faceret uvas, & fecit
labruſcas.... Vinea Domini
exercituum Domus Iſraël
eſt : & vir Juda germen ejus
delectabile : & expectavit
ut faceret judicium, & ecce
iniquitas; & juſtitiam, &
ecce clamor. *v.* 1, 2 *& 7.*

b Nunc oſtendam vobis quid
faciam vineæ meæ : Aufe-
ram ſepem ejus, & erit in
direptionem : diruam ma-
ceriam ejus, & erit in con-
culcationem. Et ponam eam
deſertam : non putabitur,
& non fodietur : & aſcen-
dent vepres & ſpinæ, &
nubibus mandabo ne pluant
ſuper eam imbrem. *v.* 5 *&*
6.

Qui dans un repas magnifique
Aux Mêts les plus délicieux,
De vos inftrumens de Mufique
Mêlez les fons mélodieux *c*

Croyez-vous, poffeffeurs tranquiles,
Jouir long-tems de ces fuccès ?
Conferverez-vous ces palais
Qui font l'ornement de vos villes ?
Les charmes d'un plaifir trompeur
Vous font oublier le Seigneur :
Il vous livre dans fa vengeance
Au vainqueur le plus inhumain ;
Et dépourvûs de fa fcience
Vous périrez tous de fa main. *d*

L'enfer s'eft accru : fes abîmes
Recevront le peuple & les grands,
Ceux qui tiennent les plus hauts rangs,
Ces prétendus efprits fublimes.

---

c Væ qui conjungitis domum ad domum, & agrum agro copulatis ufque ad terminum loci…. Væ qui confurgitis manè ad ebrietatem fectandam, & potandum ufque ad vefperam, ut vino æftuatis. Cithara, & lyra, & timpanum, & tibia & vinum in conviviis veftris. *v.* 8, 11 & 12.

d Numquid habitabitis vos foli in medio terræ ? in auribus meis funt hæc, dicit Dominus exercituum : nifi domus multæ defertæ fuerint, grandes & pulchræ abfque habitatore … opus Domini non refpicitis, nec opera manuum ejus confideratis. Propterea captivus ductus eft populus meus, quia non habuit fcientiam, & nobiles ejus interierunt fame, & multitudo ejus fiti exaruit. *v.* 9, 12 & 13.

Un jour feront humiliés
Ces coupables Mortels liés
Au char déteftable du vice ;
Et Dieu fera feul exalté ,
Lorfqu'il viendra rendre juftice
Dans la plus étroite équité. *e*

Malheur à ce prétendu fage
Qui ne l'eft qu'à fes propres yeux !
Malheur à cet audacieux
Qui donne au crime fon fuffrage !
Il ofe encor ce vain Mortel
Blafphémer le Saint d'Ifraël,
Et braver le Dieu des batailles !
Mais de même que dans les champs
La flamme dévore les pailles ,
Dieu diffipera les Méchans. *f*

Contre toi, peuple Ifraëlite,
Le Seigneur s'eft mis en courroux.

---

e Proptereà dilatavit infernus animam fuam , & aperuit os fuum abfque ullo termino, & defcendent fortes ejus, & populus ejus, & fublimes gloriofique ejus ad eum ; & incurvabitur homo & humiliabitur vir, & oculi fublimium deprimentur ; & exaltabitur Dominus exercituum in judicio, & Deus fanctus fanctificabitur in juftitiâ. *v.* 14, 15 *&* 16.

f Væ qui fapientes eftis in oculis veftris... Væ qui dicitis bonum , malum .... propter hoc ficut devorat ftipulam lingua ignis, & calor flammæ exurit, fic radix eorum quafi favilla erit... abjecerunt enim legem Dei exercituum , & eloquium fancti Ifraël blafphemaverunt. *v.* 20, 23 *&* 24.

Son bras t'a fait fentir les coups
Qu'il fçait porter à qui l'irrite.
Les Monts en ont été troublés.
On a vû tes Morts étalés
Comme la fange dans la rue ;
Mais c'eft peu pour ce Dieu vengeur :
Sa main eft encore étendue
Pour te fraper dans fa fureur. *g*

Un nouvel ennemi s'apréte,
Redoutable par fes chevaux.
L'affreux bruit de fes chariots
Reffemble au bruit de la tempéte.
Sa lance, fes traits font aigus ;
Et fes arcs font toujours tendus :
C'eft un lion qui met fa joie
A verfer le fang des humains ;
Et quand il a faifi fa proye,
Rien ne l'arrache de fes mains. *h*

---

g Ideò iratus eft furor Domini in populum fuum, & extendit manum fuam fuper eum, & percuffit eum : & conturbati funt Montes & facta funt morticinia eorum quafi ftercus in medio platearum. In his omnibus non eft averfus furor ejus, & adhuc manus ejus extenta. *v.* 25.

b Et elevabit fignum in nationibus procul... & ecce feftinus velociter veniet ... fagittæ ejus acutæ, & omnes arcus ejus extenti. Ungulæ equorum ejus ut filex, & rotæ ejus quafi impetus tempeftatis. Rugitus ejus ut leonis, rugiet ut Catuli leonis : & frendet & tenebit prædam, & amplexabitur, & non erit qui eruat. *v.* 26, 28 *& 29.*

ODE IV.

O D E   I V.

Tirée du Chapitre 13. d'Ifaïe.

Où le Prophéte annonce la Deftruction de Baby-
lone par les Medes. Il y joint la prédiction des
Signes qui doivent annoncer le Jugement
dernier, la Défolation qui arrivera alors
fur la Terre étant figurée par celle que de-
voit caufer aux Babylonniens la Deftruction
de leur Ville.

Sur les Monts on entend la voix
Des Nations & de leurs Rois.
C'eft le Dieu des Combats qui des coins de la Terre
Raffemble fes Guerriers, vafes de fa fureur,
Qui, tranfportant partout le fleau de la guerre,
Font marcher devant eux la mort & la terreur. *a*

---

a Vox multitudinis in mon-
tibus, quafi populorum fre-
quentium : vox fonitus Re-
gum, gentium congregata-
rum : Dominus exercituum
præcepit militiæ belli ve-
nientibus de terrâ procul,
à fummitate Cœli : Domi-
nus, & vafa furoris ejus, ut
difperdat omnem terram.
v. 4 & 5.

B

Pouſſez les cris les plus perçans
Que l'horreur ſaiſiſſe vos ſens :
De douleur, ô mortels, tombés en défaillance,
Que l'affreuſſe paleur ſe répande ſur vous :
Voici le jour cruel, le jour de la vengeance,
De l'indignation, & du plus grand courroux. *b*

L'heure s'approche où le Seigneur,
Armé de toute ſa fureur ;
Va ravager la terre, & la réduire en poudre :
Il fera de ces lieux les plus triſtes déſerts,
On verra dans le Ciel les Aſtres ſe diſſoudre,
Et le Soleil ceſſer d'éclairer l'Univers. *c*

La Lune éteignant ſon flambeau
Ne luira plus d'un feu nouveau ;
» Oui, je viſiterai la terre criminelle ;
» Et de l'impiété reprimant les efforts,
» J'humilirai, dit Dieu, le ſuperbe infidelle ?
» Et confondrai l'orgueil de ces prétendus forts. *d*

---

b Ulutate, quia prope eſt dies Domini : quaſi vaſtitas à Domino veniet : propter hoc omnes manus diſſolventur, & omne cor hominis contabeſcet & contererur. Torſiones & dolores tenebant . . . facies combuſtæ vultus eorum. Ecce dies Domini veniet, crudelis, & indignationis plenus, & iræ *v.* 2, 6, 7, 8 & 9.

c Ad ſponendam terram in ſolitudinem, & peccatores ejus conterendos de eâ. Quoniam ſtellæ Cœli, & ſplendor eorum, non expandent lumen ſuum : obtenebratus eſt ſol in ortu ſuo. *v.* 9 & 10.

d Et Luna non ſplendebit in lumine ſuo, & viſitabo ſuper orbis mala, & contrà impios iniquitatem eorum, & quieſcere faciam ſuperbiam infidelium, & arrogantiam fortium humiliabo. *v.* 11.

» J'ébranlerai le firmament ;
» Et jusque dans son fondement
» La terre doit trembler au jour de ma colére.
» Tel que le Dain timide , & comme la Brebis ,
» Qui traversent les champs d'une course légére ,
» Chacun saisi d'effroi fuira vers son païs. *e*

» Malheur à ceux qu'on trouvera ;
» Le glaive les dévorera ,
» Leurs maisons & leurs biens seront livrés aux flâmes
» Il verront sous leurs yeux égorger leurs enfans :
» On deshonorera jusqu'à leur propre femmes ,
» Qui subiront le joug des Medes triomphans. *f*

» Le métal le plus précieux
» Est sans nulle valeur aux yeux
» De cette nation inflexible , & cruelle.
» Elle met son plaisir à répandre le sang
» De l'enfant nouveau né qui suce la mamelle :
» Ce peuple est insensible aux cris de l'innocent. *g*

---

e Super hoc Cœlum turbabo : & movebitur terra de loco suo, propter indignationem Domini exercituum, & propter diem iræ futoris ejus. Et erit quasi damula fugiens , & quasi ovis . . . . & singuli ad terram suam fugient. *v.* 13 *&* 14.

f Omnis qui inventus fuerit occidetur . . . . infantes eorum allidentur in oculis eorum : diripientur domus eorum & uxores eorum violabuntur. Ecce ego suscitabo super eos Medos *v.* 2 , 15 *&* 16.

g Qui argentum non quærant , nec autum velint , sed sagittis parvulos interficiant , nec lactantibus uteris miserebuntur , & super filios non parcet oculus eorum. *v.* 17 *&* 18.

>> Et toi Babylone, Cité
>> Si fameuse par ta fierté,
>> Des Royaumes du monde illustre capitale,
>> De Sodome & Gomorrhe éprouvant le destin,
>> Ta chute entraînera ta ruine totale :
« Ta désolation n'aura jamais de fin. *h*

O D E V.

Tirée du Chapitre 14. d'Isaïe.

*Où le Prophéte annonce aux Juifs leur déli-
vrance de la captivité de Babylone, & la
destruction de cette Ville, dont il décrit
l'orgueil, la puissance, & l'empire tyran-
nique que ses Rois devoient exercer sur les
autres peuples du monde.*

LE tems vient, peuple Israëlite,
Et le jour n'est pas loin de nous,
Où le Ciel en pitié changera son courroux.
Des enfans de Juda l'élite,

---

h Et erit Babylon illa glorio-
sa in Regnis, inclyta superbia Chaldæorum, sicut sub-
vertit Dominus Sodomam
& Gomorrham non habita-
bitur usque in finem. *v.* 19.

Reverra son païs, & s'y reposera ;
A l'envi l'étranger à Jacob s'unira. *a*

  Ceux-ci retournant dans leurs Villes
  Enmeneront leurs ennemis ;
Et domineront ceux qui les avoient soumis.
  Délivré des travaux serviles ,
Israël, tu diras aux Babyloniens :
» Où sont tes exacteurs , qui ravissoient nos biens ? *b*

  » Le Ciel a détruit l'infidelle ,
  » Le sceptre orgueilleux est brisé
» Du Roi qui si long-tems nous avoit maîtrisé ;
  » Dont l'indignation cruelle
» Se faisoit ressentir à cent peuples divers ,
» Qu'en barbare Vainqueur il tenoit dans les fers. *c*

  La terre a gardé le silence ,
  Et le monde s'est réjoui ,

---

a Prope est ut veniat tempus ejus , & dies ejus non elongabuntur. Miserebitur enim Dominus Jacob , & eliget adhuc de Israël : & requiescere eos faciet super humum suam : adjungetur advena ad eos, & adhærebit domui Jacob. *Isai. c.* 14. *v.* 1.

b Et tenebunt eos populi & adducent eos in locum suum : & possidebit eos populus Israël super terram Domini in servos & ancillas : & erunt capientes eos qui se ceperant : & subjicient exactores suos. Et erit in die cùm requiem dederit tibi Deus à labore tuo , & à concussione tua … sumes parabolam istam contrà regem Babylonis , & dices : quomodo cessavit exactor ? quievit tributum. *v.* 2, 3 *&* 5.

c Coutrivit Dominus baculum impiorum, virgam dominantium. Cædentem populos in indignatione : plagâ insanabili , subjicientem in furore gentes , persequentem crudeliter. *v.* 5 *&* 6.

De voir ce changement merveilleux, inouï.
    Nous pourrons croître en assurance,
Ont dit au mont Liban les cedres & les pins,
Nous ne tomberons plus sous tes coups inhumains. *d*

    Sous tes pas trembloît l'enfer même;
    Il te suscitoit des Géans.
Devant toi se levoient les Monarques tremblans :
    Tout réveroit ton diadême.
Mais témoins de ton fort, ces Princes diront tous :
» Il est donc notre égal, & blessé comme nous ? *e*

    Ton cadavre est dans la poussiere,
    Et ton orgueil est dans l'enfer.
Comment es-tu tombé de si haut Lucifer,
    Qui du jour ouvrois la carriere ?
Toi qui dans ton courroux gourmandois l'Univers,
Tu seras désormais la pâture des vers. *f*

---

d Conquievit & siluit omnis terra · gavisa est & exultavit : abietes quoque lætatæ sunt super te & cedri Libani : ex quo dormisti : non ascendet qui succidat nos. *v* 7 *&* 8.

e Infernus subter te conturbatus est in occursum adventûs tui, suscitavit tibi gigantes. Omnes principes terræ surrexerunt de soliis suis, omnes principes nationum. Universi respondebunt & dicent tibi : & tu vulneratus es sicut & nos, nostri similis effectus es. *v.* 9 *&* 10.

f Detracta est ad inferos superbia tua, concidit cadaver tuum subter te sternetur tinea, & operimentum tuum erit vermes. Quomodo cecidisti de cælo lucifer, qui manè oriebaris ? Corruisti in terram, qui vulnerabas gentes ? *v.* 11 *&* 12.

Dans ton orgueil infuportable

Tu difois : » j'irai dans les Cieux

» Me placer au-deffus des aftres radieux ;

» Au très-haut je ferai femblable,

» Et je dominerai les nuages , les monts.

Te voilà dans l'abime aux lieux les plus profonds. *g*

Voyant alors ta décadence ,

» Eft-ce là , dira-t'on , ce Roi

» Des autres Souverains la terreur & l'effroi ,

» Qui tenoit tout fous fa puiffance ,

» Qui bruloit les Cités , en faifoit des déferts ,

» Et laiffoit les captifs foupirer dans les fers ? *h*

Les autres Souverains du monde

Chez eux avec honneur font morts.

Nul ne prendra le foin d'enfevelir ton corps :

Il fera fubmergé dans l'onde.

Ta perte entraînera celle de ton pays :

Le glaive égorgera jufqu'à tes propres fils. *i*

---

g Qui dicebas in corde tuo: in cœlum confcendam , fuper aftra Dei exaltabo folium meum , fedebo in monte teftamenti... afcendam fuper altitudinem nubium , fimilis ero altiffimo. Verumtamen ad infernum detraheris in profundum laci. *v.* 13 , 14 *&* 15.

h Qui te viderunt , ad te inclinabuntur , teque profpicient : numquid ifte eft vir , qui conturbavit terram, qui concuffit regna , qui pofuit orbem defertum , & urbes ejus deftruxit , vinctis ejus non aperuit carcerem. *v.* 16 *&* 17.

i Omnes reges gentium univerfi dormierunt in gloriâ vir in domo fuâ. Tu autem projectus es de fepulchro tuo... & obvolutus es cum his qui interfecti funt gladio, & defcenderunt ad fundamenta laci, quafi cadaver putridum ... tu enim terram tuam difperdidifti ... præparate filios ejus occifioni. *v.* 18 , 19 , 20 *&* 21,

Les enfans porteront la peine
Duë aux crimes de leurs parens :
Ne posséderont rien : seront partout errans.
        » La race Babylonienne
» Ne pourra nulle part se soustraire à mes coups
» Ses restes périront, dit Dieu dans son courroux. *l*

Dans son conseil l'Etre suprême
A pris ces résolutions.
» Mes décrets ont réglé le sort des nations ,
        » Dit-il, j'en jure par moi-même :
» Je les accomplirai : qui m'en empéchera ?
» Mon bras est étendu : qui le détournera ? *m*

---

l Preparate filios ejus occisioni in iniquitate patrum suorum : non consurgent ne que hereditabunt terram , neque implebunt faciem orbis civitatum. Et consurgam super eos dicit Dominus exercituum : & perdam Babylonis nomen , & reliquias, & germen , & progeniem : dicit Dominus. *v.* 21 & 22.

m Juravit Dominus exercituum : dicens : si non : ut putavi, ita erit . . . . . Hoc consilium : quod cogitavi super omnem terram : & hæc est manus extenta super universas gentes. Dominus enim exercituum decrevit & quis poterit infirmare , & manus ejus extenta : & quis avertet eam ? *v.* 24 : 26 & 27.

ODE VI.

O D E V I.

Tirée des Chapitres 21 & 25. d'Isaïe.

Où le Prophéte annonce de nouveau la ruine de Babylone ; & rend graces à Dieu des merveilles qu'il doit opérer en délivrant son Peuple ; & des bienfaits que le Sauveur doit accorder aux Peuples fidelles sur la Montagne de Sion : Ce que Dieu a fait en faveur des Juifs détenus Captifs à Babylone n'étant que la figure de ce que devoit faire le Sauveur pour ceux qu'il devoit délivrer de la captivité du péché.

COMME on voit du Défert la tempête pouffée,
  Par un vent du Midi fougueux ,
La trifte vifion vient de m'être annoncée :
 » L'infidelle par tout fait un ravage affreux . . . .
  J'étois troublé de ces paroles.
Survient un Meffager qui dit du haut des Cieux :
 » Babylone eft tombée , ainfi que fes Idoles :
  » Elle eft par terre avec fes Dieux. *a*

---

a Sicut turbines ab Africo veniunt de deferto , ve*a*

C

Mon Seigneur , & mon Dieu , j'exalterai ta gloire:

Je confesserai ton saint Nom.

Ton œuvre merveilleuse est digne de mémoire ;

Et tes décrets ont eu leur exécution.

Sur la forteresse infidelle

Ta redoutable main vient de s'apésantir.

Ce n'est plus qu'un sépulchre ; & sa ruine est telle

Qu'on ne pourra la rebâtir. *b*

Sur cet évenement , plein de reconnoissance,

Un peuple nombreux te louera.

Les plus fiéres Cités vont craindre ta puissance ;

Et dans le monde entier on te reverera.

Tous ceux qui sont dans la détresse

Trouvent en toi leur force , & leur Libérateur :

Tu dissipes l'orage ; & de la séchéresse

Tu sçais détourner la rigueur. *c*

---

de terrâ horribili. Visio dura nuntiata est mihi : qui incredulus est , infideliter agit : & qui depopulator est , vastat . . . . , proptereà repleti sunt lumbi mei dolore , angustia possedit me . . . . Ecce iste venit assensor vir Bigæ equitum , & respondit & dixit : cecidit , cecidit Babylon , & omnia sculptilia deorum ejus contrita sunt in terram. *Isai. c. 21. v. 1 , 2 , 3 & 9.*

b Domine Deus meus es tu , exaltabo te , & confitebor nomini tuo : quoniam fecisti mirabilia , cogitationes antiquas fideles , Amen. Quia posuisti civitatem in tumulum, urbem fortem in ruinam , domum alienorum : ut non sit civitas, & in sempiternum non ædificetur. *cap. 25. v. 1 & 2.*

c Super hoc laudabit te populus fortis , civitas gentium robustarum tenebit te. Quia factus es fortitudo pauperi , fortitudo egeno in tribulatione suâ : spes à turbine , umbraculum ab æstu. *v. 3 & 4.*

Le courroux des Gentils eſt ſemblable à l'orage :
    Tu modereras leurs tranſports.
Ta chaleur, qui pénétre au travers du nuage,
Déſéchera la fleur de ces prétendus forts.
    On verra l'Auteur de la vie
Précipiter la mort du haut de ſon ſaint mont :
Il eſſuira nos pleurs : levera l'infamie
    Dont on a couvert notre front. *d*

---

d Spiritus enim robuſtorum quaſi turbo impellens parietem. Sicut æſtus in ſiti, tumultum alienorum humiliabis : & quaſi calore ſub nube torrente, propaginem fortium marceſcere facies… præcipitabit mortem inſempiternum, & auferet Dominus lacrimam ab omni facie, & opprobrium populi ſui auferet de univerſâ terrâ. *v.* 4, 5 & 8.

ODE VII.
Tirée du Chapitre 49. d'Isaïe.

Qui renferme l'éloge du Messie, établi Chef de toutes les Nations, qu'il doit sauver par sa Loi. Le Prophéte ayant fait connoître le bonheur de ceux qui croiront en lui, les exhorte à en rendre des actions de grace. Il console Sion qui se plaignoit d'être abandonnée de Dieu, lui promettant que son nom sera glorieux dans tout l'Univers; & que tout les Peuples accourront en foule pour lui rendre honneur.

PEUPLES de l'Univers, écoutez : Dieu mon pére
A désigné mon nom dès le sein de ma mere;
    Il s'est ressouvenu de moi.
Il m'a dit : » Je t'ai mis pour servir de lumiere
    » Aux peuples de la terre entiere,
    » Que tu sauveras par ta Loi. *a*

---

a Audite insulæ, & attendite populi de longè : Dominus ab utero vocavit me, & de ventre matris meæ recordatus est nominis mei... & dixit . . . ecce dedi te in lucem gentium, ut sis salus mea usque ad extremum terræ. *v.* 1 & 6.

» Tu diras aux Captifs : fortez de l'efclavage.

» Tu les tranfporteras dans un gras pâturage.

» Le Soleil aux tems les plus chauds,

» Ni la faim, ni la foif, ne pourront plus leur nuire ;

» Le Pafteur fçaura les conduire

» Aux fources des plus pures eaux. *b*

» Mes fentiers conduiront aux lieux les plus fublimes ;

» Et de mes monts facrés j'applanirai les cimes.

» On y viendra de toutes parts.

» Sur le Confolateur qu'à mon peuple j'envoie,

» Terre & Cieux treffaillez de joie :

» Le pauvre attire mes regards. *c*

Sion dit : le Seigneur a perdu la mémoire
Du lieu Saint qui faifoit le féjour de fa gloire.

» Vit-on, dit l'Etre fouverain,

» Une mere oublier le fruit de fes entrailles !

» Je vois fans ceffe tes murailles ;

» Et je tiens ton plan dans ma main. *d*

---

b Ut diceres his qui vincti funt : exite... fuper vias pafcentur : & in omnibus planis pafcua eorum. Non efurient neque fitient, & non percutiet eos æftus & fol : quia miferator eorum reget eos, & ad fontes aquarum potabit eos. *v.* 9 & 10.

c Et ponam omnes montes meos in viam, & femitæ meæ exaltabuntur. Ecce ifti de longè venient, & ecce illi ab aquilone, & mari, & ifti de terrâ auftrali. Laudate Cœli, & exulta terra, Jubilate montes laudem, quia confolatus eft Dominus populum fuum, & pauperum fuorum miferebitur. *v.* 11, 12 & 13.

d Et Dixit Sion, dereliquit me Dominus, & Dominus oblitus eft mei. Numquid oblivifci poteft mulier infantem fuum, ut non mifereatur filio uteri fui : Ecce in manibus meis defcripfi te : muri tui coram oculis meis femper. *v.* 14, 15 & 16.

Eleve donc les yeux, porte à l'entour la vue ;
Et voi jufqu'à quel point ta famille eft accrue.

       „ Oui, dit-il, j'en fais le ferment,
„ Des fleurs de ta couronne, époufe glorieufe,
      „ Une famille fi nombreufe
      „ Sera le plus bel ornement. *e*

„ Tes ruines, tes champs, ta vafte folitude ;
„ Sont des lieux trop étroits pour cette multitude
      „ Que tu ne pourras contenir.
„ Tu t'écrieras alors : moi qui jamais n'enfante,
      „ Captive, abandonnée, errante,
      „ D'où ces fils m'ont-ils pû venir ? *f*

„ J'éleverai mon figne aux yeux de tout le monde :
„ La terre des Gentils en deviendra féconde ;
      „ Et les filles, & les garçons,
„ Te feront aportés de toutes les Provinces :
      „ Les Reines mêmes & les Princes
      „ Prendront de toi des nouriffons. *g*

---

e Jacta in circuitu oculos tuos, & vide, omnes ifti congregati funt, Venerunt tibi : vivo ego, dicit Dominus, quia omnibus his velut ornamento vefticris, & circumdabis eos quafi fponfa. *v.* 18.

f Quia deferta tua, & folitudines tuæ, & terra ruinæ tuæ, nunc angufta erunt præ habitatoribus . . . . . & dices in corde tuo : quis genuit mihi iftos ? Ego fterilis, & non pariens, tranfmigrata, & captiva : & iftos quis enutrivit ? Ego deftituta & fola : & ifti ubi erant? *v.* 19 & 21.

g Ecce levabo ad gentes manum meam, & ad populos exaltabo fignum meum. Et afferent filios tuos in ulnis, & filias tuas fuper humeros portabunt ; & erunt Reges nutritii tui, & reginæ nuctriciæ tuæ. *v.* 22 & 23.

″ Oui, dans tout l'Univers les plus fameux Monarques
″ De leur foumiffion te donneront des marques ;
  ″ Et s'inclineront devant toi.
″ Tu fçauras qu'il n'eft point de grandeur fouveraine
  ″ Qui foit comparable à la mienne ;
  ″ Et qu'en vain nul n'efpere en moi. *h*

O D E   V I I I.

Tirée du Chapitre 51. d'Ifaïe.

Où le Prophéte annonce la confolation, le fa-
lut, & la félicité de Sion, que doit lui
procurer la vifite du Sauveur. Il publie les
avantages de la Loi Evangélique ; & prédit
l'humiliation des ennemis de l'Eglife.

C I T E' fi long-tems défolée,
Tu verras donc, fainte Sion ,
Terminer ton affliction :
Un jour tu feras confolée.

---

h Vultu in terram demiffo
adorabunt te, & pulverem
pedum tuorum lingent. Et
fcies quia ego Dominus,

fuper quo non confunden-
tur qui expectant eum. *v.*
23.

Ce défert, qui te fait horreur,
Sera le jardin du Seigneur,
Il en bannira la triftefle;
Et l'on n'entendra dans ce lieu
Que cris de joie, & d'allégrefle,
Mélés aux louanges de Dieu. *a*

» Mon peuple, & ma tribu chérie,
» Ecoutez, vous dit-il, ma voix.
» Par ma juftice & par mes loix
» Je détruirai l'idolâtrie.
» Dans peu vous verrez arriver
» Le Jufte qui doit vous fauver:
» Vous verrez briller fa lumiere.
» Les peuples éclairés par lui
» M'invoqueront dans leur priere:
» N'auront d'efpoir qu'en mon appui. *b*

» Vers le Ciel portez votre vue:
» Voyez les aftres radieux.
» Vers la terre abaiffez les yeux:
» Regardez fa vafte étendue.

---

a Confolabitur ergo Dominus Sion, & confolabitur omnes ruinas ejus: & ponet defertum ejus quafi delicias, & folitudinem ejus quafi hortum Domini. Gaudium & lætitia invenietur in eâ, gratiarum actio & vox laudis. *v.* 3.

b Attendite ad me, popule meus, & tribus mea audite me: quia lex à me exiet, & judicium meum in lucem populorum requiefcet. Prope eft juftus meus, egreffus eft falvator meus, & brachia populos judicabunt: me infulæ expectabunt, & brachium meum fuftinebunt. *v.* 4. & 5.

» Ces corps célestes se fondront.

» La terre & l'homme périront.

» Tout dans ce superbe édifice

» S'usera comme un vétement ;

» Mais mon salut & ma justice

» Dureront éternellement. c

» Entends ceci, peuple fidelle,

» Qui du juste humble adorateur

» Portes imprimée en ton cœur

» La loi d'amour, la loi nouvelle.

» De tes cruels persécuteurs

» Ne redoute point les fureurs,

» Les blasphêmes, ni la malice :

» Des vers ils feront l'aliment ;

» Mais mon salut & ma justice

» Dureront éternellement. d

Dieu protecteur de l'innocence

Arme toi comme aux premiers tems :

Par les coups les plus éclatans

Signale ta toute-puissance,

---

c Levate in Cœlum oculos vestros, & videte sub terra deorsum : quia Cœli sicut fumus liquescent, & terra sicut vestimentum atteretur, & habitatores ejus simul interibunt : salus autem mea in sempiternum erit, justitia mea non deficiet. v. 6.

d Audite me qui scitis justum, populus meus, lex mea in corde eorum : nolite timere opprobrium hominum, & blasphemias eorum ne metuatis. Sicut enim vestimentum, sic comedet eos vermis.... salus autem mea in sempiternum erit, & justitia mea in generationes generationum. v. 7 & 8.

Par toi le dragon fut blessé,
Le superbe fut terrassé,
Tu désechas les mers profondes ,
Frayant dans l'abyme un chemin
Aux Hebreux à travers les ondes
Conduits & sauvés par ta main. *e*

Ceux que par des faveurs pareilles
Le Seigneur aura rachetés ,
Chere Sion , dans tes Cités
Viendront publier ces merveilles.
La joie inondera leur cœur.
» Je serai leur consolateur,
Dit encor ce Dieu débonnaire :
» Qu'ont-ils à craindre des méchans,
» Dont la puissance passagere
» Périt comme la fleur des champs? *f*

» Tu n'avois plus de connoissance
» Du Dieu qui de cet Univers

---

e Consurge , consurge , induere fortitudinem brachium Domini : consurge sicut in diebus antiquis . . . . Numquid non tu percussisti superbum, vulnerasti draconem ? Numquid non tu siccasti mare, aquam abyssi vehementis : qui posuisti profundum maris viam , ut transirent liberati ? *v. 9 & 10.*

f Et nunc qui redempti sunt à Domino, revertentur, & venient in Sion laudantes & lætitiâ sempiternâ super capita eorum , gaudium & lætitiam tenebunt, fugiet dolor & gemitus. Ego , ego ipse consolabor vos ; quis tu ut timeres ab homine mortali & à filio hominis, qui quasi fænum itâ arescet ? *v. 11. & 12.*

» **A** fait les chefs-d'œuvres divers ;

» Et de qui tu tiens la naissance.

» Jour & nuit de tes oppresseurs

» Tu craignois les tristes fureurs :

» Où sont ces tyrans pleins de rage ?

» Je suis ton Seigneur : C'est mon bras

» Qui meut l'onde , excite l'orage ,

» Et régle le sort des combats. g

---

g Et oblitus es Domini factoris tui , qui tetendit Cœlos , & fundavit terram , & formidasti jugiter totâ die à facie furoris ejus qui te tribulat , & paraverat ad perdendum : ubi nunc est furor tribulantis? . . . . Ego autem sum Dominus Deus tuus , qui conturbo mare , & intumescunt fluctus ejus : Dominus exercituum nomen meum. *v.* 13 *&* 15.

ODE IX.

Tirée des Chapitres 52. & 53. d'Isaïe.

Où sont loués les Prédicateurs de l'E-
vangile : où il est parlé de la pureté des
mœurs que doivent avoir les Ministres du
Seigneur ; & où se trouve l'éloge du Sau-
veur, la prédiction de sa gloire, de ses
souffrances, de sa mort ignominieuse, &
des avantages qu'il en doit retirer.

QUE sur les Monts sacrés votre démarche est belle,
Vous qui prêchez le bien, le salut & la paix ;
Qui dites à Sion : Cité sainte & fidelle ,
    Ton Dieu va régner à jamais !
Entends, Jérusalem , & tressaille de joie
Sur le consolateur que le Seigneur t'envoie :
    Voici ton Sauveur amoureux.
Le bras de Dieu s'aprête à montrer la lumiére,
Qui doit de son éclat fraper la terre entiére,
    Et l'embrasera de ses feux. *a*

---

a Quàm pulchri super   prædicantis pacem ; annun-
montes pedes annuntiantis &   tiantis bonum , prædicantis

Retirez-vous, pécheurs, mortels pleins de souillure :
Vous Prêtres de la Loi, Ministres du vrai Dieu,
Sanctifiez vos cœurs ; & que vos mains soient pures
    Quand vous approchez du Saint lieu.
Lorsque vous paroîtrez dans vos fêtes publiques,
Vous irez sans tumulte, entonnants des Cantiques
    Dictés par le Chantre immortel.
Votre démarche alors n'aura point l'air de fuite :
Dieu vous rassemblera : vous irez à la suite
    Du Libérateur d'Israël. *b*

Rien de plus merveilleux que l'éclat de sa vie :
La gloire l'accompagne, & brille en tous ses pas.
Mais quel prompt changement ! & quelle ignominie
    Le conduit ensuite au trépas !
Il paroît à nos yeux comme une fleur naissante ;
Dont la tige, du sein d'une terre brulante,
    S'éleve au fort de la chaleur.
Où le vois-je réduit ! Quel état déplorable !

---

salutem, dicentis Sion : regnabit Deus tuus. Gaudete & laudate simul deserta Jerusalem : quia consolatus estDominus populum suum, redemit Jerusalem. Paravit Dominus brachium sanctum suum in oculis omnium gentium : & videbunr omnes fines terræ salutare Dei nostri. *c. 52. v. 7, 9 & 10.*

b Recedite, recedite, exite exinde, pollutum nolite tangere : exite de medio ejus, mundamini qui fertis vasa Domini : Quoniam non in tumultu exibitis, nec in fugâ properabitis : præcedet enim vos Dominus, & congregabit vos Deus Israël. *v. 11 & 12.*

Il n'a pas forme humaine : il est méconnoissable :
     C'est l'homme vraiement de douleur. *c*

Qui pourroit exprimer l'excès de ses souffrances ?
Verrons-nous son tourment sans en être touchés ,
C'est nous qui le blessons par nos vives offenses :
     Il souffre, hélas ! pour nos péchés.
Coupables inhumains , nous causons son supplice :
Il supporte les maux dus à notre malice :
     Il s'est chargé de nos langueurs.
Nous avons tous quitté le sentier de la vie :
Et le Ciel en courroux le frape , l'humilie,
     Et punit en lui nos erreurs. *d*

Quelle extrême douceur dans les maux qu'il endure !
Il se laisse égorger comme un foible mouton.
Il est comme un agneau , qui souffre sans murmure
     Qu'on lui ravisse sa toison.

---

c Exaltabitur , & elevabitur , & sublimis erit valdè. Sicut obstupuerunt super te multi , sic inglorius erit inter viros aspectus ejus , & forma ejus inter filios hominum. *v*. 13 *&* 14.

Et ascendit sicut virgultum coram eo , & sicut radix de terrâ sitienti : non est species ei , neque decor : & vidimus eum & non erat aspectus , & desideravimus eum despectum, … virum dolorum. *c*. 53. *v*. 2 *&* 3.

d Ipse autem vulneratus est propter iniquitates nostras , attritus est propter scelera nostra . . . . Verè languores nostros ipse portavit , & nos putavimus eum quasi leprosum & percussum à Deo & humiliatum. Omnes nos quasi oves erravimus , unusquisque in viam suam declinavit : posuit Dominus iniquitatem omnium nostrûm. *v*. 4 , 5 *&* 6.

L'Éternel dit , touché de fon obéiffance :
„ Entre des fcéléras il meurt fans réfiftance,
   „ Priant pour l'Auteur de fa mort :
„ Je veux que fon fupplice éternife fa gloire :
„ Il aura l'Univers pour prix de la victoire
   Qu'il remportera fur le Fort. *e*

---

e Sicut ovis ad occifionem ducetur , & quafi agnus cotàm tondente fe obmutefcet, & non aperiet os fuum... Ideò difpertiam ei plurima & fortium dividet fpolia , pro eo quòd tradidit in mortem animam fuam , & cum fceleratis reputatus eft... & pro tranfgrefforibus rogavit. *v.* 7 & 12.

ODE X.

Tirée des Prophéties de Michée & de Naum.

Du Chapitre I. de Michée, où le Seigneur reproche aux Israëlites leur idolatrie, qui devoit attirer leur ruine ; & du Chapitre I. de Naum, où se trouve une belle description du zéle du Seigneur contre ses ennemis, des effets de sa colere à laquelle rien ne peut résister ; de sa patience à attendre la conversion des Pécheurs ; de sa miséricorde envers ceux qui esperent en lui, dont il doit être le Libérateur, devant détruire les ennemis de son Peuple, qui ne verra plus le retour de l'Idolatrie dans la terre Sainte ; après que le culte des Idoles y aura une fois été aboli par la prédication de l'Evangile.

JERUSALEM, & Samarie,
Ecoutez la voix du Seigneur :
Pour punir votre Idolatrie
S'arme aujourd'hui son bras vengeur.

Au bruit menaçant du tonnerre
Il va defcendre fur la terre,
Quittant pour un tems fon Saint lieu.
Son pied foulera vos campagnes,
Il renverfera vos montagnes, *a*
Vous fçaurez qu'il eft votre Dieu. *b*

" Je ferai de toi, Samarie,
" Dit-il, un mont de pierre affreux :
" Tes maifons, tes biens, ville impie,
" Seront confumés par mes feux.
" Tu verras périr dans les flâmes
" Tes Dieux, tes Idoles infames :
" Je détruirai tes fondemens ;
" Et voyant défertes tes rues,
" Tu poufferas jufques aux nues
" Les plus terribles heurlemens. *c*

Dieu marche au milieu des orages ;
Et de fes pieds frapant les Airs
Leur poudre forme les nuages :
Il tarit quand il veut les mers.

---

a Audite populi omnes... quia ecce Dominus egredietur de loco fuo : & defcendet & calcabit fuper excelfa terræ : confumentur montes fubtus eum : ... in fcelere Jacob omne iftud , & in peccatis Domus Ifraël. *Mich. c. 1. v. 2 , 3 , 4 & 5.*

b Et fcietis quia ego Dominus. *Ezech.* 7.

c Ponam Samariam quafi acervum lapidum ... & fundamenta ejus revelabo , & omnia fculptilia ejus concidentur , & omnes mercedes

D

Des fleuves il déféche l'onde ,
La terre tremble quand il gronde,
Tout l'Univers fremit de peur :
Le feu de son courroux confume
La pierre comme le bitume :
Rien ne réfifte à fa fureur. *d*

Heureux qui vit dans l'innocence !
Le Seigneur eft un Dieu jaloux.
Il eft terrible en fa vengeance :
Qui peut fe fouftraire à fes coups ?
Envers les bons plein de tendreffe ,
Il confole dans leur détreffe
Les juftes qui lui font foumis.
Il eft leur foutien , leur refuge ;
Il les préferve du déluge ,
Qu'il prépare à fes ennemis. *e*

Rien n'eft égal à fa clémence :
Des malheureux il eft l'appui.

---

ejus comburentur igne , &
omnia idola ejus ponam in
perditionem . . . fuper hoc
plangam , & ululabo &c. *v.*
6 , 7 *&* 8.
   d Dominus in tempeftate ,
& turbine . . . viæ ejus , &
nebulæ pulvis pedum ejus.
Increpans mare & exciccans
illud : & omnia flumina ad
defertum deducam , & con-
tremuit terra à facie ejus ,

& orbis , & omnes habitantes in eo . . . & quis refiftet
in irâ furoris ejus ? Indigna-
tio ejus effufa eft ut ignis :
& petræ diffolutæ funt ab
eo. *Naum. c.* 1, *v.* 3 , 4 , 5
& 6.
   e Deus æmulator & ulcif-
cens Dominus in hoftes
fuos . . . ante faciem indignationis ejus quis ftabit ?. . .
bonus Dominus , & confor

Il attend avec patience
Que le pécheur retourne à lui.
Que servent, Juda, ces pensées
Audacieuses, insensées,
Dont tu t'armes contre ton Dieu ?
Ranime ta vive espérance :
Il promet dans son indulgence
De ne plus affliger ce lieu. *f*

» Je briserai, dit-il, tes chaînes ;
» Je détruirai tes ennemis,
» Et ces Dieux, ces Idoles vaines,
» Que dans mon saint Temple ils ont mis.
» Célebre tes fêtes divines,
» Au haut des montagnes voisines,
» Voici qu'on annonce la paix.
» C'en est fait de l'Idolatrie :
» Les sectateurs du culte impie
» Chez toi ne reviendront jamais. *g*

---

tans in die tribulationis . . . . & in diluvio prætereunte consummationem faciet loci ejus. *v.* 2, 6, 7 & 8.

f Dominus patiens & magnus fortitudine , ... & sciens sperantes in se . . . . Quid cogitatis contra Dominum ? . . . Hæc dicit Dominus . . . . afflixi & non affigam te ultrà. *v.* 3, 7, 9 & 12.

g Et nunc conteram virgam ejus de deserto tuo , & vincula tua disrumpam . . . de domo Dei tui interficiam sculptile ; & conflatile . . . . ecce super montes pedes Evangelisantis pacem : celebra , Juda, festivitates tuas , & redde vota tua : quia non adjiciet ultrà, ut pertranseat in te Belial : universus interiit. *v.* 14 & 15.

O D E XI.

Tirée des Chapitres 1. & 2. de Sophonias.

Où le Prophéte annonce d'abord en général aux méchans les malheurs dont ils font menacés de la part de Dieu, & en particulier aux Juifs ceux que l'Idolatrie, & le mépris du culte Divin devoit attirer fur leur Païs. Il prédit fpécialement à Jérufalem fa derniere défolation, qui eft la figure de celle qu'on verra arriver dans toute la terre aux jours qui précéderont le Jugement dernier, dont le Prophéte fait une defcription effrayante.

„ J E raffemblerai fur la terre,
Dit Dieu, „ les hommes, les troupeaux ;
„ Je raffemblerai les oifeaux,
„ Et les poiffons que l'onde enferre :
„ Malheur à l'impie en ce tems,
„ Où doit périr la terre avec fes habitans ! *a*

---

a Congregans congregabo omnia à facie terræ, dicit Dominus ; congregans hominem & pecus, congregans volatilia Cœli & pifces maris : & ruinæ impiorum.

,, J'étendrai ma main foudroyante

,, Sur Jérufalem & Juda,

,, Baal fera dans ce jour-là

,, La chute la plus éclatante.

,, Je diffiperai dans ces lieux

,, Les reftes criminels du culte des faux Dieux. *b*

,, J'écraferai dans ma vengeance

,, Les miniftres de leur Autel,

,, Et ceux qui de l'Etre immortel

,, Ont négligé la connoiffance.

Devant lui, pécheurs, taifez vous :

Dans peu viendra le jour du célefte courroux. *c*

Le Seigneur prépare une hoftie

Aux juftes dont il a fait choix.

Il abattra l'orgueil des Rois :

Ses coups tomberont fur l'impie ;

Et fur ceux qui dans le Saint lieu

N'auront point refpecté la préfence de Dieu. *d*

---

erunt, & difperdam homi-
nem à facie terræ. *c. I. v.*
2 & 3.

b Et extendam manum
meam fuper Judam, & fu-
per omnes habitantes Jerufalem ; & difperdam de loco
hoc reliquias Baal. *v. 4.*

c Et nomina ædituorum
cum facerdotibus . . . & qui
non quæfierunt Dominum,
nec inveftigaverunt eum.
Silete à facie Domini Dei :
quia juxta eft dies Domini.
v. 6 & 7.

d Præparavit Dominus hof-
tiam, fanctificavit vocatos
fuos. Et erit in die hoftiæ
Domini, vifitabo fuper principes, & fuper filios Regis,
& fuper omnes qui induti
funt vefte peregrina . . . qui
complent domum Domini
Dei fui iniquitate & dolo.
v. 7, 8 & 9.

Toutes les portes de la ville ,

Et les montagnes du païs

Pousseront de lugubres cris ,

Heurlez habitans de la Pille. *.

L'homme brillant d'or périra ;

Et le Chananéen plein d'effroi se taira. *e*

Dieu dit : „ J'irai , coupable ville ,

„ Te chercher la lampe à la main :

„ Je visiterai l'homme vain ,

„ Qui dans le crime vit tranquille ;

„ Et dit dans le fond de son cœur :

„ Ni les biens, ni les maux, ne viennent du Seigneur. *f*

De ces mortels souillés de vices

Le Ciel détruira le pouvoir

Au jour qu'ils ne sauroient prévoir :

Ils construiront des édifices ,

Sans avoir le tems d'y loger ;

Et planteront le sep , sans pouvoir vendanger. *g*

---

e Et erit in die illa , dicit Dominus, via clamoris à portâ piscium , & ululatus a secundâ , & contritio magna à collibus. Ululate habitatores pilæ : conticuit omnis populus Chanaan , disperierunt omnes involuti argento. *v.* 10 & 11.

* *Vallée extrémement profonde qui environnoit le Tem-*ple *en forme de fossé , où demeuroient toutes sortes de Marchands.*

f Et erit in tempore illo, scrutabor Jerusalem in lucernis : & visitabo super viros defixos in fæcibus suis, qui dicunt in cordibus suis : non faciet Dominus benè , & non faciet malè. *v.* 12.

g Et erit fortitudo eorum

Vers vous s'avance avec vitefle

Ce grand jour, ce jour du Seigneur;

Jour d'amertume, de douleur,

De calamité, de détreffe;

Jour de fureur, jour ténébreux;

Où tout retentira des fons les plus affreux. *h*

Le pécheur privé de lumiere,

Lâche tranfgreffeur de la loi,

Fuira plein de trouble & d'effroi.

On verra parmi la poufliere

Son fang par les champs répandu,

Et tel que le fumier fon cadavre éteudu. *i*

Son opulence criminelle

Ne fauvera point ce pécheur

Au jour du courroux du Seigneur.

L'effroyable ardeur de fon zéle

Sera comme un feu véhement :

Feu qui confumera la terre en un moment. *l*

---

in direptionem ; . . . & ædificabunt domos, & non habitabunt : & plantabunt vineas, & non bibent vinum eorum. *v.* 13.

h Juxtà eft dies Domini magnus, juxtà eft & velox nimis : vox diei Domini amara, tribulabitur ibi fortis, dies iræ, dies illa, dies tribulationis & anguftiæ, dies calamitatis & miferiæ, dies tenebrarum & caliginis, dies nebulæ & turbinis, dies tubæ & clangoris fuper civitates munitas &c. *v.* 14, 15 & 16.

i Et tribulabo homines, & ambulabunt ut cœci, quia Domino peccaverunt ; & effundetur fanguis eorum ficut humus, & corpora eorum ficut ftercora. *v.* 17.

l Sed & argentum eorum & aurum eorum non poterit liberare eos in die iræ Domini: in igne zeli ejus devorabitur omnis terra. *v.* 18.

ODE XII.
Tirée du Chapitre 13. du Livre de Tobie.

Où il exhorte les Israëlites à publier dans leur captivité les grandeurs & les merveilles du Seigneur, & à le louer par leurs œuvres, prophétisant le rétablissement de Jérusalem ; & sa félicité future.

BEN I soit le Très-Haut, dit le juste Tobie,
   Son régne n'aura point de fin.
Il commande à la mort : sa main sauve , & chatie :
Tout sent & reconnoît son pouvoir souverain.
Vous, enfans d'Israël, exaltez sa clémence
Et devant les Gentils, qui sont dans l'ignorance,
   Confessez son nom de grand cœur.
Il vous a dispersés chez un peuple infidelle,
Pour que vous annonciez la puissance immortelle,
   Et les merveilles du Seigneur. a

---

a Aperiens autem Tobias senior os suum , benedixit Dominum , & dixit : magnus es , Domine , in æternum , & in omnia sæcula regnum tuum : quoniam tu flagellas & servas : deducis ad inferos & reducis : non est qui effugiat manum tuam. Confitemini Domino filii Israël, & in conspectu gentium laudate eum. Quoniam ideò dispersit vos inter gentes, quæ ignorant eum, ut vos enarretis mirabilia ejus. *v.* 1 , 2 , 3 & 4.

Publiez

Publiez que du monde il est l'unique maître:
Que nos crimes ont mérité
Les justes chatimens de ce souverain Etre;
Et qu'il nous sauvera par sa pure bonté.
Voyez ce que pour nous ce maître a daigné faire;
Ayez du roi des Cieux la crainte salutaire :
Glorifiez-le dans vos mœurs.
Je veux dans mon exil le confesser sans cesse,
Voyant qu'en cette terre impie, & pécheresse,
Il manifeste ses grandeurs. b

Convertissez-vous donc: marchez dans la justice,
Mortels souillés par le péché:
Espérés qu'à vos vœux ce Dieu sera propice;
Et que voyant vos pleurs, il en sera touché.
C'est au vrai repentir que son pardon s'accorde:
Il vous regardera dans sa miséricorde
Lorsqu'il verra votre retour.
C'est en lui que je mets & ma gloire & ma joie.
Rendons graces au Ciel des biens qu'il nous envoie;
Et bénissons-le nuit & jour. c

---

b Et facietis scire eos, quia non est alius Deus, omnipotens præter eum. Ipse castigavit nos propter iniquitates nostras; & ipse salvabit nos propter misericordiam suam... Aspicite ergo quæ fecit nobiscum, & cum timore & tremore confitemini : Regemque sæculorum exultate in operibus vestris. Ego autem in terra captivitatis meæ confitebor illi : quoniam ostendit majestatem suam in gentem peccatricem. v. 4 5, 6 & 7.

c Convertimini itaque peccatores, & facite justitiam coram Deo, credentes, quod faciet misericordiam suam. Ego autem & anima mea in eo lætabimur. De

Ville fameuse où Dieu faisoit sa résidence,
    Jérusalem, noble Cité,
S'il te fait ressentir le poids de sa vengeance,
Ses chatimens sont dus à ton iniquité.
De ses bienfaits passés rappelle la mémoire,
Adore son saint Nom, & confesse sa gloire,
    Pour qu'il releve ses Autels,
Ramene tes captifs qui sont dans la détresse,
Et remplisse tes murs d'une telle allégresse,
    Que tes transports soient éternels. *d*

Tu brilleras un jour par ta vive lumiere :
    Tout viendra pour te rendre honneur.
Oui, tu verras un jour chez toi la terre entiere
Venir par ses présens honnorer le Seigneur.
Ta Cité sera sainte ; & ton nom respectable.
Tu sera du Très-Haut le séjour véritable.
    Maudits qui te mépriseront !
On ne prononcera contre toi nul blasphême,
Sans attirer sur soi la vengeance suprême.
    Heureux qui te rebâtiront ! *e*

---

benedicite Dominum omnes electi ejus : agite dies lætitiæ, & confitemini illi. *v.* 8 *& 9.*
d Jerusalem civitas Dei, castigavit te Dominus in operibus manuum tuarum. Convertere Domino in bonitatis, & benedic Deum sæculorum, ut ræædificet in te tabernaculum suum, & revocet ad te omnes captivos, & gaudeas in omnia sæcula sæculorum. *v.* 11 *& 12.*
e Luce splendidâ fulgebis, & omnes fines terræ adorabunt te : Nationes è longinquo ad te venient : &

Considérant alors tes nombreuses familles,
   Ta joie extrême éclatera :
Tu recevras du Ciel & des fils , & des filles,
Que de ses plus grands dons le Seigneur comblera.
Heureux qui te chérit , ô Cité vénérable !
Pour moi je bénis Dieu , dont la main secourable
   Te doit rendre la liberté.
L'unique chose , hélas ! que je demande en grace,
Est qu'il daigne permettre à quelqu'un de ma race
   De te revoir dans ta beauté. *f*

---

munera deferentes , adorabunt in te Dominum , & terram tuam in sanctificationem habebunt. Nomen enim magnum invocabunt in te. Maledicti erunt , qui contempserint te : & condemnati erunt omnes qui blasphamaverint te : benedictique erunt , qui ædificaverint te. *v.* 13 , 14 , 15 & 16.

f Tu autem lætaberis in filiis tuis , quoniam omnes benedicentur , & congregabuntur ad Dominum. Beati omnes qui diligunt te , & qui gaudent super pace tuâ. Anima mea benedic Dominum , quoniam liberabit Jerusalem civitatem suam à cunctis tribulationibus ejus, Dominus Deus noster. Beatus ero , si fuerint reliquiæ seminis mei ad videndam claritatem Jerusalem. *v.* 17 , 18 , & 19.

S T A N C E S.

Tirées du Chapitre 14. du Livre de Job.

*Où après avoir confidéré la fragilité de la
vie humaine, il admire la providence de
Dieu envers l'homme, qui efpere une autre vie, & qui attend la réfurrection des
corps.*

N E' d'une femme, & vivant peu,
  Quel mal a fait l'homme, ô mon Dieu,
Pour mériter les maux qui l'accablent fans ceffe :
C'eft une fleur éclofe, & fanée à l'inftant :
Comme une ombre légere il fuit avec viteffe,
Jamais dans fon état n'ayant rien de conftant. *a*

  Mais malgré fa mifere extrême
Tu veux avec cet homme entrer en jugement !
  Comment, ô Monarque fupréme,
Daignes-tu l'honnorer d'un regard feulement ? *b*

---

a Homo natus de muliere,
brevi vivens tempore, re-
pletur multis miferiis, qui
quafi flos egreditur, & con-
teritur, & fugit velut umbra, & numquam in eodem
ftatu permanet. *v.* 1 & 2.
  b Et dignum ducis fuper

Vafe immonde dès fa naiffance,
  Et conçu dans l'iniquité,
Quel autre, que toi feul, fource de l'innocence,
Peut à ce vil limon rendre fa pureté ? c

Sa vie étant, Seigneur, fi courte & fi fragile,
  Toi-méme ayant borné fes jours,
Sans qu'on puiffe jamais en prolonger le cours,
  Que ne le laiffe-tu tranquile ?
Souffre donc qu'il refpire ; & retire ta main
Jufqu'à ce que la mort termine fon deftin. d

  Mon fort feroit moins déplorable,
  Si fous la terre au rang des morts
  J'étois à couvert des tranfports
  De ta fureur inexorable ;
  Et que dans ce trifte féjour,
  Cette demeure fombre & noire,
  Tu daignaffes fixer un jour
Où tu pourrois de moi rappeller la mémoire. e

hujusce modi aperire oculos tuos, & adducere eum tecum in judicium. v. 3.

c Quis poteft facere mundum de immundo conceptum femine ? Nonne tu qui folus es ? v. 4.

d Breves dies hominis funt, numerus menfium ejus apud te eft : conftituifti terminos, qui præteriri non poterunt. Recede paululum ab eo, ut quiefcat, donec optata veniat ficut mercenarii dies ejus. v. 5 & 6.

e Quis mihi hoc tribuat, ut in inferno protegas me, & abfcondas me, donec pertranfeat furor tuus, & conftituas mihi tempus in quo recorderis mei ? v. 13.

Ne comptes-tu pas que les morts
Du jour reverront la lumiere ?
Dans cet espoir, que de mon corps,
Tu ranimeras la poussiere,
J'endure tous les maux que tu me fais souffrir,
Ne pensant qu'à bien vivre, afin de bien mourir. *f*

Ta voix sçaura se faire entendre
Seigneur, à tout le genre humain :
Les morts te répondront ; & l'on verra ta main
Au même instant vers eux s'étendre,
Grand Dieu, qui comptes tous mes pas,
De mes péchés alors ne te ressouviens pas ! *g*

---

f Putasne mortuus homo rursum vivat ? Cunctis diebus, quibus nunc milito, expecto donec veniat immutatio mea. *v*. 14.

g Vocabis me & ego respondebo tibi : operi manuum tuarum porriges dexteram ; tu quidem gressus meos dinumerasti, sed parce peccatis meis. *v*. 15 & 16.

POESIES SACREES.
SECONDE PARTIE.

Traduction du Pseaume I.

Où David enseigne en quoi consiste la vé-
ritable Béatitude, & la différence des
Justes & des Pécheurs.

HEUREUX, qui ne suit point les conseils de
    l'impie,
Ni les sentiers impurs où l'erreur le conduit !
Qui recherche la loi de l'Auteur de la vie ;
   Et la médite jour & nuit !
    Il ressemble à l'arbre fertile
    Planté sur le courant des eaux ,
Qui de fruits en son tems couronne ses rameaux.
    Il ne sera jamais stérile :
Par son épais feuillage au plus fort de l'Eté
Il parera les traits du Soleil irrité. *a*

---

a 1. Beatus vir qui non   & in viâ peccatorum non
abiit in consilie impiorum   stetit. &c.
       E iv

Dans la bonté du Ciel le juste se confie :
Soutenu par la Grace, il réussit toujours.
Il n'en est pas de même, ô mon Dieu, de l'impie,
    Qui n'attend rien de ton secours.
     Semblable à la poudre légere,
    Il sera le jouet des vents,
Tu ne le mettras point au nombre des vivans
    Dans le grand jour de ta colere,
Où par un jugement terrible, inattendu,
Le pécheur à jamais se verra confondu. *b*

---

2. Sed in lege Domini voluntas ejus, & in lege ejus meditabitur die ac nocte.

3. Et erit tanquam lignum quod plantatum est secus decursus aquarum, quod fructum suum dabit in tempore suo : & folium ejus non defluet.

b 3. Et omnia quæcumque faciet prosperabuntur.

4. Non sic impii, non sic : Sed tanquam pulvis quem projicit ventus à facie terræ.

5. Ideò non resurgent impii in judicio : neque peccatores in concilio justorum.

6. Quoniam novit Dominus viam justorum, & iter impiorum peribit.

Traduction du Pseaume II.

Qui contient une prophétie du regne de Jésus-
Christ, contre qui les Nations se sont sou-
levées, quoiqu'il ne soit venu au monde
que pour leur salut.

QUELS projets insensés des peuples de la terre!
    Quels conseils ! Quelle aveugle erreur !
Les Rois se sont ligués, pour déclarer la guerre
    Au Très-Haut, à l'oingt du Seigneur. *a*

» Secouons, disent-ils, son joug: brisons ses chaînes,
    Celui qui regne dans les Cieux,
Voit d'un œil de mépris ces entreprises vaines,
    Et ces complots audacieux. *b*

Un seul mot prononcé dans sa fureur extrême
    Les fera tous trembler d'effroi.
Pour regner dans Sion il m'a choisi lui-même;
    » J'y publirai sa sainte Loi. *c*

---

a 1. Quare fremuerunt gentes & populi meditati sunt inania ?

2. Astiterunt Reges terræ, & principes convenerunt in unum adversus Dominum, & adversus Christum ejus.

b 3. Dirumpamus vincula eorum : & projiciamus à nobis jugum ipsorum.

4. Qui habitat in Cœlis irridebit eos ; & Dominus subsannabit eos.

c 5. Tunc loquetur ad eos

» Dieu m'a dit : oui, mon fils, aujourd'hui je t'en-
      gendre :
   » Demande-moi le monde entier.
» Il n'eſt point de Royaume où ne doive prétendre
    » Celui que j'ai pour heritier. *d*

» Ton pouvoir s'étendra juſqu'aux bouts de la terre ;
    » Tu dompteras l'orgueil des Rois.
» Et ton ſceptre de fer briſera comme un verre
    » Ceux qui mépriſeront tes loix. *e*

Ecoutez, ſouverains, cette loi qu'il enſeigne ;
    Imprimez-la dans votre cœur.
Voyez avec plaiſir la gloire de ſon régne ;
    Servez-le avec joie & frayeur. *f*

Ayez ſoin d'éviter ce qui peut lui déplaire,
    De peur d'exciter ſon courroux.
Heureux ceux qui pourront au jour de ſa colere
    Se mettre à l'abri de ſes coups ! *g*

---

in irâ ſuâ, & in furore ſuo conturbabit eos.

6. Ego autem conſtitutus ſum Rex ab eo ſuper Sion montem ſanctum ejus praedicans praeceptum ejus.

d 7. Dominus dixit ad me : filius meus es tu, ego hodie genui te.

8. Poſtula à me, & dabo tibi gentes hereditatem, & poſſeſſionem tuam terminos terrae.

e 9. Reges eos in virgâ ferreâ, & tanquam vas figuli confringes eos.

f 10. Et nunc reges intelligite : erudimini qui judicatis terram.

11. Servite Domino in timore, & exultate ei in tremore.

g 12. Apprehendite diſciplinam ne quandò iraſcatur Dominus, & pereatis de viâ juſtâ.

Traduction du Pseaume I V.

Que David paroît avoir composé après être
échappé des mains de Saül, qui l'avoit fait
envelopper par son armée.

QUAND j'invoquai le Ciel, auteur de ma
    justice,
Le Ciel ne manqua pas d'être à mes vœux propice :
Il fut touché des pleurs d'un Prince humilié.
Aujourd'hui, que je sens la douleur la plus vive,
Prête a mes cris, Seigneur, une oreille attentive,
Et que mon triste sort excite ta pitié. *a*

Quelle aveugle fureur, vains mortels, vous anime ?
Resterez-vous toujours endurcis dans le crime,
Partisans du mensonge, & de la vanité ?
Sçachez que l'Eternel, dont je porte l'empreinte,
De ma voix suppliante écoutera la plainte ;
Et soutiendra le juste en moi persécuté. *b*

---

13. Cùm exarserit in brevi ira ejus, beati omnes qui confidunt in eo.

a 1 Cùm invocarem exaudivit me Deus justitiæ meæ : in tribulatione dilatasti mihi.

2. Miserere mei, & exaudi orationem meam.

b 3. Filii hominum usquequo gravi corde ? Ut quid diligitis vanitatem & quæritis mendacium?

4. Et scitote quoniam mirificavit sanctum suum : Dominus exaudiet me cùm

Evitez un courroux dont le Seigneur s'offense.
Gémissez devant lui , la nuit dans le silence,
De ces complots formés dans le fond de vos cœurs.
Si vous voulez offrir un digne sacrifice ,
Offrez au Ciel un cœur zélé pour la justice ;
Et comptez à ce prix obtenir ses faveurs. *c*

Mais où sont , dites-vous , ces biens que l'on espére ?
Dieu même en est le gage ; il échauffe , il éclaire,
Il inspire la joie , & soulage nos maux :
Des fruits de toute espece il répand l'abondance :
Plus que tout autre , en lui j'ai mis mon espérance ;
Et dans sa sainte paix je prendrai mon repos. *d*

---

clamavero ad eum.

c 5. Irascimini & nolite peccare . quæ dicitis in cordibus vestris, in cubilibus vestris compungimini.

6. Sacrificate sacrificium justitiæ & sperate in Domino.

d 6. Multi dicunt quis ostendit nobis bona ?

7. Signatum est super nos lumen vultûs tui Domine :

dedisti lætitiam in corde meo.

8. A fructu frumenti , vini , & olei sui, multiplicati sunt.

9. In pace in idipsum dormiam & requiescam.

10. Quoniam tu Domine singulariter in spe constituisti me.

Traduction du Pseaume VII.

Où David persécuté par Saül, implore l'as-
sistance de Dieu, & le prie de lui donner la
royauté qu'il lui a promise, non pas tant
pour le plaisir & l'honneur de commander,
que pour faire fleurir son véritable culte
parmi le peuple.

J'ATTENDS de toi ma délivrance;

O mon Dieu, tire moi des mains

De tant d'ennemis inhumains.

Ne confonds point mon espérance;

De peur que les lions ne viennent m'enlever,

Quand personne ne veille au soin de me sauver. *a*

Si tu sçais que ma main impure

Ait fait ce qui m'est imputé,

Ait trempé dans l'iniquité,

Ou si j'ai rendu quelque injure;

Livre-moi, j'y consens, à mes fiers ennemis;

Et rends vain cet espoir qu'en toi seul j'avois mis. *b*

a 1. Domine Deus in te speravi : salvum me fac ex omnibus persequentibusme, & libera me.

2. Ne quandō rapiat ut leo animam meam, dum non est qui redimat : neque qui salvum faciat.

b 3. Domine Deus si feci istud, si est iniquitas in manibus meis.

4. Si reddidi retribuentibus mihi mala, decidam merito ab inimicis meis inanis.

Que leur rage foit aſſouvie :
Que leur implacable fureur
Me raviſſe juſqu'à l'honneur ,
Après m'avoir ôté la vie.
Mais plutôt leve-toi , Seigneur , dans ton courroux ;
Et fais tomber ſur eux tes redoutables coups. ᶜ

Viens au ſecours de la juſtice
Dont on viole tous les droits :
Viens faire reſpeƈter tes loix
Qui doivent reprimer le vice :
La vertu renaîtra dans le cœur des mortels
Tu les verras en foule entourer tes autels. ᵈ

Monte ſur ce throne ſublime
Qui s'éleve au-deſſus des airs ,
D'où tu dois juger l'Univers.
Du juſte , qu'en moi l'on opprime ,
Entends de-là les cris ; & que ton bras puiſſant ,
Contre l'homme pervers défende l'innocent. ᵉ

ᶜ 5. Perſequatur inimicus animam meam , & comprehendat , & conculcet in terrâ vitam meam , & gloriam meam in pulverem, deducat.

6. Exurge Domine in irâ tuâ : & exaltare in finibus inimicorum meorum.

ᵈ 7. Et exurge Domine Deus meus in præcepto quod mandaſti : & ſignagoga populorum circumdabit te.

ᵉ 8. Propter hanc in altum regredere : Dominus judicat populos.

9. Judica me Domine ſecundùm juſtitiam meam , & ſecundùm innocentiam meam , ſuper me.

Tu reprimeras la malice ,
  Et l'iniquité des pécheurs.
  Toi qui sondes le fond des cœurs ,
  Tu conduiras dans la justice
Celui qui la chérit ; & qui sçait comme moi
Attendre le secours qu'un cœur pur trouve en toi. *f*

  Tu retiens quelquefois ton ire ,
  Dieu fort , patient , juste , & doux.
  Criminels , convertissez-vous!
  Il prend son épée , il la tire :
Il a bandé son arc ; & par un prompt effort
Il va lancer ses traits ministres de la mort. *g*

  C'est pour enfanter l'injustice
  Qu'a travaillé ce vain pécheur :
  Il a conçu dans la douleur
  Le fruit détestable du vice ;
Et par son imprudence il s'est précipité
Dans le puits qu'il creusoit avec malignité. *h*

---

f 10. Consumetur nequitia peccatorum , & diriges justum , scrutans corda & renes , Deus.

11. Justum adjutorium meum à Domino qui salvos facit rectos corde.

g 12. Deus Judex justus , fortis & patiens , numquid irascitur per singulos dies ?

13. Nisi conversi fueritis gladium suum vibrabit : arcum suum tetendit & paravit illum.

14. Et in eo paravit vasa mortis : sagittas suas ardentibus effecit.

h 15. Ecce parturiit injustitiam : concepit dolorem , & peperit iniquitatem.

16. Lacum aperuit & effodit eum : & incidit in foveam quam fecit.

Le mal qu'il méditoit de faire

Sur sa tête retombera :

Dans sa malice il trouvera

Son plus redoutable adverfaire.

Je publirai pour lors, Seigneur, ton équité;

Et tu verras ton nom par mes chants exalté. *i*

Traduction du Pfeaume VIII.

Où David admire la grandeur & la bonté
de Dieu dans fes œuvres ; & principale-
ment fon amour pour les hommes, en fa-
veur defquels il a fait tant d'excellentes
créatures.

QU E ton pouvoir, Seigneur, eft grand, eft admirable,

Et que ton nom eft glorieux !

Oui ta magnificence, ô monarque adorable,

Surpaffe la hauteur des Cieux. *a*

---

i 17. Convertetur dolor ejus in caput ejus : & in verticem ipfius iniquitas ejus defcendet.

a 1. Domine Dominus nofter, quàm admirabile eft nomen tuum in univerfâ terrâ !

2. Quoniam elevata eft magnificentia tua fuper Cœlos.

Les plus foibles enfans reſerrés dans les langes,
    Par l'innocence de leurs cris
Annoncent au berceau tes divines louanges,
    Pour confondre tes ennemis. *b*

    Lorſque je vois le Ciel, la Lune, & ces Etoiles
    Que ta main fixe au firmament,
Qui de l'obſcure nuit percent les ſombres voiles,
    Je ſuis ravi d'étonnement *c*

Mais devant toi, grand Dieu, qu'eſt l'humaine foi‑
    bleſſe
    Pour mériter ton ſouvenir,
Et ces regards ſur nous que tu jettes ſans ceſſe,
    Ne penſant qu'à nous ſoutenir ? *d*

L'homme eſt comblé d'honneurs : la gloire l'envi‑
    ronne :
    Des Anges, s'il eſt différent,
S'il le céde aux eſprits qui ſoutiennent ton throne,
    Il tient après le premier rang. *e*

---

b Ex ore infantium & lac‑
tentium perfeciſti laudem
propter inimicos tuos : ut
deſtruas inimicum & ulto‑
rem.

c 4. Quoniam videbo Cœlos
tuos, opera digitorum tuo‑
um, Lunam & Stellas quæ
tu fundaſti.

d 5. Quid eſt homo, quòd
memor es ejus ? aut filius
hominis, quoniam viſitas
eum?

e 6. Minuiſti eum paulo‑
minus ab Angelis, gloriâ &
honore coronaſti eum, &
conſtituiſti eum ſuper opera
manuum tuarum.

F

Il voit les animaux soumis à son empire
    Nés pour servir à ses plaisirs :
L'air, la terre, & la mer, tout à l'envi conspire
    A satisfaire ses désirs. *f*

Que ton pouvoir, Seigneur, est grand, est admirable,
    Et que ton nom est glorieux !
Oui, ta magnificence, ô Monarque adorable,
    Surpasse la hauteur des Cieux. *g*

Traduction du Pseaume IX.

Dont la premiere partie renferme une action de grace que David rend au Seigneur en conséquence d'une victoire signalée, qu'on croit être celle qu'il remporta sur le geant Goliath.

J E confesserai, Roi des Anges,
Je confesserai de grand cœur
Tes merveilles & ta grandeur :
Mes chants publiront tes louanges.

---

f 7. Omnia subjecisti sub pedibus ejus, oves & boves universas, insuper & pecora campi.

8. Volucres cœli & pisces, maris, qui perambulant semitas maris.

g 9. Domine Dominus noster, quàm admirabile est nomen tuum in universâ terrâ.

Quoi de plus digne de mes vers,
Que d'annoncer à l'Univers
Ce que doit ma reconnoissance
Au suprême libérateur
Qui m'a sauvé par sa puissance
Des mains de mon persécuteur ? *a*

Je sens une joie indicible ;
Je suis transporté, quand je voi
Mon ennemi fuir devant toi.
Qui céde à ta force invincible.
Cet oppresseur de l'innocent,
Abbatu, blessé, languissant,
Périra dans son artifice :
Tu viens, ô Juge souverain,
Sur ce throne où tu rends justice,
De prendre ma défense en main.

Ainsi fais-tu périr l'impie ;
Et dès qu'il est enseveli,
Son nom demeure dans l'oubli,
Effacé du livre de vie.

---

a 1. Confitebor tibi, Domine, in toto corde meo : narrabo omnia mirabilia tua.

2. Lætabor & exultabo in te : psallam nomini tuo, Altissime.

3. In convertendo inimicum meum retrorsum ; infirmabuntur & peribunt à facie tuâ.

4. Quoniam fecisti judicium meum & causam meam : sedisti super thronum, qui judicas justitiam.

Tous nos ennemis font domptés,
Nous avons détruit leurs Cités.
Ils ne font plus ; & la mémoire
S'en eft perdue en un moment :
Le Seigneur feul verra fa gloire
Subfifter éternellement. *c*

Du haut de fon throne il s'apprête
A juger dans peu l'Univers.
C'eft contre vous, hommes pervers,
Que va s'élever la tempête.
Il jugera, plein d'équité,
Le riche avec févérité,
Et le pauvre avec indulgence.
Des affligés il eft l'appui ;
Et ne trompe point l'efpérance
De quiconque a recours à lui. *d*

Que du Dieu de Sion la gloire
Soit célébrée en tout pays.
Quoiqu'il afflige les Gentils,
Il n'en perdra pas la mémoire.

---

c 5. Increpafti gentes, & periit impius : nomen eorum delefti in æternùm, & in fæculum fæculi.

6. Inimici defecerunt frameæ in finem : & civitates eorum deftruxifti.

7. Periit memoria eorum cum fonitu ; & Dominus in æternum permanet.

d 8. Paravit in judicio Thronum fuum, & ipfe judicabit orbem terræ in æquitate, judicabit populos in juftitiâ.

9. Et factus eft Dominus refugium pauperi : adjutor in opportunitatibus, in tri-

En tous lieux il exaucera
Le pauvre qui l'invoquera.
Voi, Seigneur, comme on m'humilie:
Prens pitié de mon triste sort,
Afin qu'en Sion je publie
Que tu m'as sauvé de la mort. *e*

Dans ton Christ ma joie est extrême:
Pour le Gentil, il s'est perdu;
Pris au piége qu'il a tendu;
Il s'est donné la mort lui-même.
Ta justice éclate, Seigneur,
Quand tu fais périr le pécheur
Surpris dans l'œuvre criminelle.
Qu'en enfer, ce funeste lieu,
Il descende avec l'infidelle,
Qui vit dans l'oubli du vrai Dieu. *f*

Le pauvre au jour de sa souffrance
Par ses cris sçaura t'attendrir:

---

bulatione.
10. Et sperent in te qui noverunt nomen tuum : quoniam non dereliquisti quærentes te Domine.
e 11. Psallite Domino qui habitat in Sion : annuntiate inter gentes studia ejus.
12. Quoniam requirens sanguinem eorum recordatus est : non est oblitus clamorem pauperum.
13. Miserere mei Domine : vide humilitatem meam de inimicis meis.
14. Qui exaltas me de portis mortis : ut annuntiem omnes laudationes tuas in portis filiæ Sion.
f 15. Exultabo in salutari tuo : infixæ sunt gentes in interitu, quem fecerunt.
16. In laqueo isto, quem absconderunt, comprehensus est pes eorum.
17. Cognoscetur Dominus

Tu ne laisseras point périr
Ses heureux fruits de patience,
Ne souffre point que les mortels
S'élevent contre tes autels :
Aux peuples de la terre entiere
Viens donner un légiflateur,
Qui leur montre par fa lumiere
Qu'ils font hommes, toi leur Seigneur. *g*

Seconde partie du Pfeaume IX.

Qui eft le Pfeaume X. felon le texte Hebreu.

POURQUOI lorfque le mal me preffe,
Sembles-tu retirer ta main ?
Pourquoi, Monarque fouverain,
M'abandonner dans la détreffe ?
Voyant d'orgueil l'impie enflé,
Le jufte en foi-même eft troublé,

Judicia faciens : in operibus manuum fuarum comprehenfus eft peccator.

18. Convertantur peccatores in infernum, omnes gentes quæ oblivifcuntur Deum.

g 19. Quoniam non in finem oblivio erit pauperis : patientia pauperum non peribit in finem.

20. Exurge Domine, non confortetur homo : judicentur gentes in confpectu tuo.

21. Conftitue Domine legiflatorem fuper eos : ut fciant gentes, quoniam homines funt.

Et le courroux secret l'enflame,
D'entendre louer du pécheur
Jusqu'au desir le plus infâme,
Lorsqu'au vice tout rend honneur. *a*

Le Seigneur même s'en offense.
Tels pécheurs ne s'amendent pas.
Souillant leur ame à chaque pas,
Dieu n'est jamais dans leur présence.
Peu touchés de ses jugemens,
Ils suivent leurs ressentimens
Pour dominer leurs adversaires :
Ils disent au fond de leur cœur,
» Tous ceux qui nous seront contraires
» Sentiront notre bras vengeur. *b*

La malice qui les consume
Empoisonne tous leurs discours.
Ils sont remplis de vains détours,
De médisance, & d'amertume.

---

a 1. Ut quid Domine recessisti longè, despicis in opportunitatibus in tribulatione ?

2. Dum superbit impius, incenditur pauper : comprehenduntur in consiliis quibus cogitant.

3. Quoniam laudatur peccator in desideriis animæ suæ: & iniquus benedicitur.

b 4. Exacerbavit Dominum peccator ; secundùm multitudinem iræ suæ non quæret.

5. Non est Deus in conspectu ejus : inquinatæ sunt viæ illius in omni tempore.

6. Auferuntur judicia tua à facie ejus : omnium inimicorum suorum dominabitur.

7. Dixit enim in corde suo : non movebor à generatione in generationem ; sine malo.

Pour opprimer les innocens
Ils recherchent des plus puiſſans
Et le crédit & le ſuffrage.
Le juſte eſt-il plus foible qu'eux?
Ce ſont des lions pleins de rage
Qui le dévorent de leurs yeux. *c*

Le pécheur porte l'artifice
Juſqu'à promettre ſon appui
Au pauvre qui ſe livre à lui,
Faute de voir le précipice.
Par des ſervices dangereux
Il attire ce malheureux
Qui donne aiſément dans l'embuche.
Le méchant inſulte à ſes cris;
Mais bien-tôt lui-même trébuche,
Et lorſqu'il croit prendre, il eſt pris. *d*

L'impie au dedans de ſoi-même
Diſoit: „ Dieu n'y penſera pas.

---

c 8. Cujus maledictione os plenum eſt, & amaritudine, & dolo: ſub lingua ejus labor & dolor.

9. Sedet in inſidiis cum divitibus, in occultis: ut interficiat innocentem.

10. Oculi ejus in pauperem reſpiciunt: inſidiatur in abſcondito, quaſi leo in ſpeluncâ ſuâ.

d 11. Inſidiatur ut rapiat pauperem: rapere pauperem dum attrahit eum.

12. In laqueo ſuo humiliabit eum: inclinabit ſe, & cadet cùm dominatus fuerit pauperum.

„ Quoi!

» Quoi ! ce qui se passe ici bas,
» Doit-il toucher l'Etre suprême ?
Leve toi, mon Dieu : viens Seigneur
De ce détestable pécheur
Reprimer l'extrême insolence.
Fais lui voir que ton bras puissant
Prête au pauvre son assistance ;
Et qu'il protege l'innocent. *e*

Oui sans cesse tu consideres
La peine du juste affligé :
C'est par ton bras qu'il est vangé,
Et délivré de ses miseres.
A toi seul le foible a recours :
Le pupille attend ton secours :
Arme-toi donc pour leur défense.
Abbats ce criminel hautain :
S'il brille un jour par sa puissance,
Il s'éclipse le lendemain. *f*

---

e 13. Dixit enim in corde suo, oblitus est Deus, avertit faciem suam ne videat in finem.

14. Exurge Domine Deus, exaltetur manus tua : ne obliviscaris pauperum.

15. Propter quid irritavit impius Deum ? dixit enim in corde suo : Non requiret.

f 16. Vides, quoniam tu laborem & dolorem consideras : ut tradas eos in manus tuas.

17. Tibi derelictus est pauper : orphano tu eris adjutor.

18. Contere brachium peccatoris & maligni : quæretur peccatum illius, & non invenietur.

Le Très-Haut , le Dieu du tonnere ,
Aura seul un regne immortel.
Vous , ennemis de son autel ,
Vous perirez tous sur la terre.
Malheur à qui brave ses loix !
De l'humble il entendra la voix :
Il exaucera sa priere.
Viens , en faveur de l'orphelin ,
Juger , Seigneur , la terre entiere
Pour confondre l'orgueil humain. *g*

Traduction du Pseaume XI.

Dans lequel David décrit la corruption des
mœurs de son siécle.

PRESERVE-MOI , Seigneur , dans le siécle où nous
sommes
De l'air contagieux dont il est infecté.
Où sont les Saints parmi les hommes ?
Le mensonge a banni l'esprit de vérité. *a*

---

g 19. Dominus regnabit in æternum & in sæculum sæculi : peribitis gentes de terrâ illius.

20. Desiderium pauperum exaudivit Dominus : præparationem cordis corum audivit auris tua.

21. Judicare pupillo & humili : ut non apponat ultrà magnificare se homo super terram.

a 1. Salvum me fac Domine , quoniam defecit sanc-

On ne s'entretient plus que de projets frivoles.
La vertu ne peut plus mettre un frein aux difcours.
  Le déreglement des paroles
Vient des défauts du cœur, rempli de vains détours. *b*

Le Ciel fçaura punir les langues infenfées,
Et ces hommes pervers qui difent dans leur cœur :
  » Marquons librement nos penfées :
» Nos langues font à nous : quel eft notre Seigneur ? *c*

Mais je me leverai, dit ce Dieu debonnaire,
Pour vifiter le pauvre, & lui furvir d'appui.
  Je foulagerai fa mifere ;
Et je commercerai librement avec lui. *d*

Les difcours du Seigneur font chaftes, font fidelles,
Plus purs que l'or qu'éprouve & la terre & le feu.
  Oui de ces races criminelles
Tu nous délivreras pour toujours, ô mon Dieu. *e*

---

tus : quoniam diminutæ funt veritates à filiis hominum.

b 2. Vana locuti funt unufquifque ad proximum fuum : labia dolofa in corde & corde locuti funt.

c 3. Difperdat Dominus univerfa labia dolofa, & linguam magniloquam.

4. Qui dixerunt : linguam noftram magnificabimus : labia noftra à nobis funt :

quis nofter Dominus eft ?

d 5. Propter miferiam inopum, & gemitum pauperum : nunc exurgam, dicit Dominus.

6. Ponam in falutari : fiducialiter agam in eo.

e 7. Eloquia Domini, eloquia cafta : argentum igne examinatum, probatum terræ, purgatum feptuplùm.

8. Tu Domine fervabis

G ij

La terre est habitée en sa vaste étendue ;
Mais en multipliant le nombre des mortels,
    Seigneur, ta joie est-elle accrue *f* ?
Le monde n'est rempli que d'hommes criminels. *g*

Traduction du Pseaume XV.

Où David figurant Jesus-Christ, se plaint de la persécution de ses ennemis, & implore la protection du Ciel.

CONSERVE-MOI, Seigneur : j'ai mis mon esperance
En ton bras tout puissant qui m'a sçu couronner ;
Mais quel sera le prix de ma reconnoissance ?
J'ai dit : tout vient de toi : que puis-je te donner ? *a*

Aux ames que ta grace aura sanctifiées
Tu manifesteras un jour mes volontés.
L'homme, après les erreurs les plus multipliées,
Marchera dans ta voie à pas précipités. *b*

nos, & custodies nos : à generatione hâc in æternum

f Isai. 9. Multiplicasti gentem, & non magnificasti lætitiam.

g 9. In circuitu impii ambulant : secundùm altitudinem tuam multiplicasti filios hominum.

a 1. Conserva me Domine, quoniam speravi in te.

2. Dixi Domino, Deus meus es tu : quoniam bonorum meorum non eges.

b 3. Sanctis qui sunt in

Tes élus s'assemblant pour t'offrir leur hostie,
Ils ne verseront point le sang des animaux ;
Ils verront de leurs noms la mémoire abolie :
Je les distinguerai par des titres nouveaux. *c*

Toi-même , Dieu puissant , seras mon héritage.
D'un fonds si merveilleux rien n'égale le prix.
Le don d'intelligence entre dans mon partage.
Je bénis le Très-Haut de ce qu'il m'a repris. *d*

Je l'ai devant mes yeux en marchant dans sa voye :
Il est à mes côtés pour me servir d'appui.
J'ai célébré son nom dans des transports de joie :
Je me reposerai plein d'espérance en lui. *e*

Tu ne souffriras point , ô Monarque adorable ,
Que mon esprit séjourne au milieu des enfers.
Tu ne permettras pas que ton Christ vénérable
Soit réduit en poussiere , & rongé par les vers. *f*

---

terrâ ejus mirificavit omnes voluntates meas in eis.

4. Multiplicatæ sunt infirmitates eorum; postea acceleraverunt.

c 5. Non congregabo conventicula eorum de sanguinibus : nec memor ero nominum eorum per labia mea.

d 6. Dominus pars hæreditatis meæ & calicis mei : tu es qui restitues hæreditatem meam mihi.

7. Funes ceciderunt mihi in præclaris : etenim hære-

ditas mea præclara est mihi.

8. Benedicam Dominum qui tribuit mihi intellectum : insuper , & usque ad noctem increpuerunt me renes mihi.

e Providebam Dominum in conspectu meo semper : quoniam à dextris est mihi ne commovear.

10. Propter hoc lætatum est cor meum , & exultavit lingua mea , insuper & caro mea requiescet in spe.

f 11. Quoniam non derelinques animam meam in

Toi-même m'as montré les fentiers de la vie :
Te voir fera l'objet de ma félicité.
La joie eft à ta droite ; & mon ame ravie
Goutera fes douceurs pendant l'éternité. *g*

Traduction du Pfeaume XVII.

Qui eft un Cantique chanté par David au jour où il fut délivré des mains de tous fes enne-mis, & en particulier de celles de Saül. Entre tous les Pfeaumes celui-ci eft un des plus poëtiques. Le Prophéte y parle fous la per-fonne du Meffie en plufieurs endroits.

JE t'aimerai, Seigneur, je t'aimerai fans ceffe ;
Dieu d'amour, mon refuge & mon plus ferme appui.
C'eft ton puiffant fecours qui foutient ma foibleffe :
　　Mon unique efpoir eft en lui.
Oui, je fens du très-haut la vifible affiftance :
Il eft mon protecteur, mon falut, ma defenfe ;
　　Sous fa garde il m'a mis.
J'invoquerai fon nom, j'exalterai fa gloire :

---

inferno, nec dabis fanctum tuum videre corruptionem.

g 12. Notas mihi fecifti vias vitæ: adimplebis me lætitiâ cùm vultu tuo delectationes in dexterâ tuâ ufque in finem.

Il me donnera la victoire
Sur tous mes ennemis. *a*

Cent fois je me suis vû prêt à perdre la vie :
Les méchans m'ont rempli d'allarmes & d'effroi.
J'ai vû l'enfer s'ouvrir ; & la mort en furie
Tendre ses filets devant moi.
J'ai prié le Seigneur dans ma douleur extrême :
J'ai poussé mille cris vers cet Etre suprême ;
Et sensible à mes vœux,
Il m'a fait ressentir l'effet de sa clémence :
Mes cris poussés avec instance
Ont pénétré les cieux. *b*

Le bras du Tout-puissant s'armant pour ma défence,
La terre s'ébranla , les monts frémirent tous ,
Ne pouvant du Seigneur soutenir la présence
Lorsqu'il parut dans son courroux.
Le feu de sa colere a tout réduit en cendre.

---

a 1. Diligam te Domine fortitudo mea : Dominus firmamentum meum , & refugium meum , & liberator meus.

2. Deus meus adjutor meus , & sperabo in eum.

3. Protector meus , & cornu salutis meæ : & susceptor meus.

4. Laudans invocabo Dominum : & ab inimicis meis salvus ero.

b 5. Circumdederunt me dolores mortis : & torrentes iniquitatis conturbaverunt me.

6. Dolores inferni circumdederunt me : præoccupaverunt laquei mortis.

7. In tribulatione meâ invocavi Dominum : & ad Deum meum clamavi.

8. Et exaudivit de templo sancto suo vocem meam : & clamor meus in conspectu ejus introivit in aures ejus.

Il abaiſſa les cieux lorſqu'il voulut deſcendre:
Le Cherubin aîlé
Le trainoit ſur ſon char à travers l'air fluide :
Sur les aîles du vent rapide
Il s'en eſt envolé. *c*

Au lieu de ſa retraite un nuage le couvre,
Qui dérobe ſa vue aux plus perçans regards ;
Et dès que ſous ſes pieds ce nuage s'entrouvre
L'éclair en ſort de toutes parts.
Sa voix ſe fait entendre au bruit de ſon tonnerre :
Soudain tombe la grêle & le feu ſur la terre ;
Et tous ſes ennemis ,
Voyant lancer ſur eux ſa dévorante flamme ,
Tremblans juſqu'au fond de leur ame,
En déroute ſont mis. *d*

Son ſoufle impétueux ouvre la mer profonde ;
Et ſe fait un paſſage au travers de ſes flots.

---

c 9. Commota eſt & contremuit terra : fundamenta montium conturbata ſunt & commota ſunt : quoniam iratus eſt eis.

10. Aſcendit fumus in irâ ejus : & ignis à facie ejus exarſit : carbones ſuccenſi ſunt ab eo.

11. Inclinavit cælos, & deſcendit : & caligo ſub pedibus ejus.

12. Et aſcendit ſuper Cherubim, & volavit : volavit ſuper pennas ventorum.

d 13. Et poſuit tenebras latibulum ſuum : in circuitu ejus tabernaculum ejus : tenebroſa aqua in nubibus aëris.

14. Præ fulgore in conſpectu ejus nubes tranſierunt : grando , & carbones ignis.

15. Et intonuit de cælo Dominus , & Altiſſimus dadit vocem ſuam : grando & carbones ignis.

16. Et miſit ſagittas ſuas, & diſſipavit eos : fulgura multiplicavit , & conturbavit eos.

Il met à découvert les fondemens du monde
    Qui cachent la source des eaux.
Du ciel il m'a sçu tendre une main secourable :
Son bras m'a délivré de cette onde effroyable
    Qui m'alloit submerger.
Il m'a tiré des mains d'un ennemi terrible,
    Alors que sa haine inflexible
    Me mettoit en danger. *e*

Cet ennemi cruel méprisoit ma foiblesse ;
Et m'attaquoit au tems de mon affliction.
Mais Dieu m'a mis au large : au fort de la détresse
    J'ai senti sa protection.
Oui, mon salut, Seigneur, vient de ton assistance.
La vertu près de toi n'est point sans récompense ;
    Tu chéris l'équité.
Tu sçais que j'ai toujours fui les sentiers du vice :
    Que j'ai marché dans la justice,
    Sans m'en être écarté. *f*

---

e 17. Et apparuerunt fontes aquarum : & revelata sunt fundamenta orbis terrarum.

18. Ab increpatione tuâ Domine : ab inspiratione spiritus iræ tuæ.

19. Misit de summo & accepit me : & assumpsit me de aquis multis.

20. Eripuit me de inimicis meis fortissimis, & ab his qui oderunt me : quoniam confortati sunt super me.

f 21. Prævenerunt me in die afflictionis meæ : & factus est Dominus protector meus.

22. Et eduxit me in latitudinem : salvum me fecit, quoniam voluit me.

23. Et retribuet mihi Dominus secundùm justitiam meam : & secundùm puritatem manuum retribuet mihi.

Tant que tes jugemens seront dans ma mémoire
Rien ne pourra souiller , ni mon cœur , ni mes mains.
Tu soutiens l'homme juste : il y va de ta gloire :
　　　Tu seras saint avec les Saints.
Avec ceux qui sont purs ton ame est toujours pure :
Les bons , d'un pas certain marchans dans la droiture,
　　　Eprouvent ta bonté.
Mais tu ne peux souffrir l'orgueil de l'homme impie,
　　　Et ta justice l'humilie ,
　　　Quand l'humble est exalté. *g*

Seigneur , sois ma lumiere : éclaire mes ténebres.
Dans mes adversités tu seras mon recours.
Si j'affronte la mort dans des exploits célebres,
　　　Ce sera par ton seul secours.
Tes sentiers sont parfaits , ô Majesté divine :
Ta parole est un or que la flamme rafine :
　　　Tu seras le Sauveur
De tous ceux qui mettront en toi leur espérance.

---

24. Quia custodivi vias Domini : nec impiè gessi à Deo meo.

g 25. Quoniam omnia judicia ejus in conspectu meo: & justitias ejus non repuli à me.

26. Et ero immaculatus cum eo : & observabo me ab iniquitate meâ.

27. Et retribuet mihi Dominus secundùm justitiam meam : & secundùm puritatem manuum mearum in conspectu oculorum ejus.

28. Cum sancto sanctus eris : & cum viro innocente innocens eris.

29. Et cum electo electus eris : & cum perverso perverteris.

Quel être t'égale en puissance ?
Est-il d'autre Seigneur ? *h*

Si ma vie est sans tache, & si je vis sans crime ,
Ma force , & ma vertu vient du Dieu que je sers ;
Et quand sa main m'éleve au lieu le plus sublime
J'égale à la course les cerfs.
C'est lui qui des combats m'enseigne l'art pénible.
De mon bras il a fait un arc d'airain terrible ;
Et son puissant secours ,
Sans cesse à mes côtés est prêt à me deffendre :
Ses loix servent à me reprendre ,
Et m'instruiront toujours. *i*

La voie où je marchois sous moi s'est élargie.
Mes pas sont affermis : je veux incessamment
Poursuivre , harceler cette troupe ennemie ;
Et la défaire entierement.

---

h. 30. Quoniam tu populum humilem salvum facies : & oculos superborum humiliabis.

31. Quoniam tu illuminas lucernam meam Domine : Deus meus illumina tenebras meas.

32. Quoniam in te eripiar à tentatione : & in Deo meo transgrediar murum.

33. Deus meus impolluta via ejus : eloquia Domini igne examinata:protector est omnium sperantium in se.

i 34. Quoniam quis Deus præter Dominum : aut quis Deus præterDeum nostrum?

35. Deus qui præcinxit me virtute : & posuit immaculatam viam meam.

36. Qui perfecit pedes meos tanquam cervorum : & super excelsa statuens me.

37. Qui docet manus meas ad prælium : & posuisti ut arcum æreum, brachia mea.

38. Et dedisti mihi protectionem salutis tuæ : & dextera tua suscepit me.

Je sçaurai sous mes coups abbatre ces rebelles :
A mes pieds tomberont leurs têtes criminelles :
      Tout subira ma loi.
C'est Dieu qui m'a rempli de force pour la guerre :
     Lui-même a renver é par terre
       Ceux que je tiens sous moi. *l*

Oui, c'est par ta puissance, ô Sauveur adorable,
Que tous mes ennemis ont été terrassés,
Ceux qui me poursuivoient dans leur haine implacable
     Ont fui : tu les as dispersés.
Ils ont de leurs clameurs rempli la terre entiere :
Ils ont au Dieu du Ciel adressé leur priere :
     Leurs cris ont été vains.
Je les dissiperai comme un vent qui se joue
     De la poussiere & de la boue
      Au milieu des chemins. *m*

Abandonnant un peuple à mes ordres rébelle,
Parmi les nations j'établirai mes loix ;

---

l 39. Et disciplina tua correxit me in finem : & disciplina tua ipsa me docebit.

40. Dilacasti gressus meos subtus me : & non sunt infirmata vestigia mea.

47. Persequar inimicos meos & comprehendam illos : & non convertar donec deficiant.

42. Constringam illos, nec poterunt stare : cadent subtus pedes meos.

m 43. Et præcinxisti me virtute ad bellum : & supplantasti insurgentes in me subtus me.

44. Et inimicos meos dedisti mihi dorsum : & odientes me disperdidisti.

45. Clamaverunt, nec erat qui salvos faceret : ad Dominum, nec exaudivit eos.

Et maint peuple inconnu , qui deviendra fidelle ,
          Se rendra docile à ma voix.
Des fils dénaturés , livrés à l'imposture ,
Ne suivent que l'erreur ; & l'esprit de droiture
          Ne regle plus leurs pas.
Beni soit le Seigneur : vive le Roi de gloire ,
          De qui j'ai reçu la victoire
              En differens combats. *

C'est-toi qui prens le soin de conserver ma vie,
Seigneur , & tu soumets les peuples à ma loi.
Ton bras vengeur m'éleve au-dessus de l'impie
          Qui se révolte contre moi.
En tous lieux par retour j'exalterai ta gloire.
Je veux de tes faveurs célébrer la mémoire
              Par mes chans les plus purs :
Publier que David est sauvé par ta grace;
              Et que tu protéges sa race
              Dans les siecles futurs. •

---

n 46. Et comminuam eos ut pulverem ante faciem venti : ut lutum platearum delebo eos.

47. Eripies me de contradictionibus populi : constitues me in caput gentium.

48. Populus quem non cognovi , servivit mihi in auditu auris obedivit mihi.

49. Filii alieni mentiti sunt mihi ; filii alieni inveterati sunt , & claudicaverunt à semitis suis.

o 50. Vivit Dominus , & benedictus Deus meus : & exaltetur Deus salutis meæ.

51. Deus qui das vindictas mihi , & subdis populos sub me : liberator meus de inimicis meis iracundis.

52. Et ab insurgentibus in me exaltabis me : à viro iniquo eripies me.

53. Propterea confitebor tibi in nationibus Domine : & nomini tuo psalmum dicam.

Traduction du Pseaume XXV.

Où David perſécuté par Saül, & calomnié par ſes envieux, prend Dieu à témoin de ſon innocence ; & le prie de le protéger contre ſes ennemis.

TEMOIN de mon innocence,
Mon Dieu, c'eſt à ta ſentence
Que j'en appelle aujourd'hui,
Et j'eſpere dans mon juge
Trouver mon plus ſûr refuge,
Et mon plus fidelle appui. *a*

Eprouve moi par ta flamme:
Examine de mon ame
Le plus ſecret mouvement:
De ta clémence adorable
Le ſouvenir agréable
M'attache à toi conſtamment. *b*

---

54. Magnificans ſalutes regis ejus : & faciens miſericordiam Chriſto ſuo David : & ſemini ejus uſque in ſæculum.

a 1. Judica me Domine, quoniam ego in innocentiâ meâ ingreſſus ſum : & in Domino ſperans non infirmabor.

b 2. Proba me Domine & tenta me : ure renes meos & cor meum.

3. Quoniam miſericordia tua ante oculos meos eſt : & complacui in veritate tuâ.

Oui , je fuis , & je détefte
La fociété funefte
Des méchans & des pécheurs ;
Et mon cœur fe purifie
Dans la fainte compagnie
De tes vrais adorateurs. *c*

Avec joie , à leur exemple ,
Je chanterai dans ton temple
Tes merveilles nuit & jour ;
Car ce lieu, Seigneur, m'enchante ,
Que ta gloire raviffante
A choifi pour fon féjour. *d*

Sauve donc ma foible vie :
Ne vas pas avec l'impie
Confondre l'homme innocent ,
Quand pour punir l'injuftice ,
Et la coupable avarice
Tu leves ton bras puiffant. *e*

---

c 4. Non fedi cum concilio vanitatis : & cum iniqua gerentibus non introibo.

5. Odivi ecclefiam malignantium : & cum impiis non fedebo.

6. Lavabo inter innocentes manus meas : & circumdabo altare tuum Domine.

d 7. Ut audiam vocem laudis : & enarrem univerfa mirabilia tua.

8. Domine , dilexi decorem domus tuæ : & locum habitationis gloriæ tuæ.

e 9. Ne perdas cum impiis Deus animam meam : & cum viris fanguinum vitam meam.

10. In quorum manibus iniquitates funt : dextera eorum repleta eft muneribus.

J'ai marché dans la droiture :
Mon ame innocente & pure
N'oublia jamais ta loi.
Prens pitié de ma foiblesse ;
Et je publirai sans cesse
Que mon salut vient de toi. *f*

Traduction du Pseaume XXXVIII.

Où David expose comme il a souffert en silence les injures & les malédictions de Semeï. Il fait à ce sujet d'admirables reflexions sur la brieveté de la vie.

JE l'avois promis en secret
Que je garderois le silence,
De peur qu'un murmure indiscret
Ne m'échappât en ta présence.
Quand le transgresseur de ta loi,
Seigneur, s'élevoit contre moi
J'ai mis une garde à ma bouche ;
Mais, hélas ! prince humilié,

---

f 11. Ego autem in innocentiâ meâ ingressus sum : redime me, & miserere mei.

12. Pes meus stetit in directo : in ecclesiis benedicam te Domine.

De l'ennemi le plus farouche
Envain j'excitois la pitié. *a*

Je n'ai fait qu'aigrir ses fureurs
Quand j'ai refufé de me plaindre :
J'augmentois auſſi mes douleurs,
Faiſant effort pour me contraindre.
Je cede enfin, las de fouffrir,
Au feu dévorant du defir
De voir bien-tôt ceffer ma peine.
Au moins, pour mon foulagement,
Mon Dieu, que ta bonté m'apprenne
Quand viendra mon dernier moment. *b*

Le mortel le plus orgueilleux
N'eſt qu'un néant en ta préfence :
Tu tiens un compte rigoureux
Des jours fixés dès fa naiſſance.
Quel eſt donc ce nombre de jours,
Que ma vie enferme en fon cours ?
Que je fçache ce qui me reſte !
L'homme s'éteint comme un flambeau ;

---

a 1. Dixi : cuſtodiam vias meas, ut non delinquam in linguâ meâ.
2. Poſui ori meo cuſtodiam, cum confiſteret peccator adverſùm me.
3. Obmutui & humiliatus ſum : & filui à bonis & dolor meus renovatus eſt.
b 4. Concaluit cor meum intrà me, & in meditatione meâ exardeſcet ignis.
5. Locutus ſum in linguâ meâ : notum fac mihi Domine, finem meum.

H

Et le moindre accident funeste
Le fait passer dans le tombeau. *c*

Il s'éclipse dans un moment,
Et fuit comme une image vaine.
Il se tourmente incessamment ;
Mais quel est le fruit de sa peine ?
Tous ses inutiles efforts
Tendent à grossir des trésors ,
Dont il ne connoît point l'usage.
L'instant fatal est-il venu ?
Il quitte tout ; & l'héritage
Est souvent pour un inconnu. *d*

Quel est l'objet de mon espoir ;
C'est après Dieu que je soupire.
Le posséder seul , & le voir ,
Est le vrai bien auquel j'aspire.
Voi mon état : sois en touché :
Perds le souvenir du péché ,
Seigneur , qu'a puni ta colere ,
Lorsqu'en ce jour , pour te venger ,

---

c 6. Et numerus dierum meorum quis est , ut sciam quid desit mihi .

7. Ecce mensurabiles posuisti dies meos , & substantia mea tanquam nihilum ante te .

8. Verumtamen universa vanitas omnis homo vivens.

d 9. Verumtamen in imagine pertransit homo , sed & frustra conturbatur.

10. Thesaurisat & ignorat cui congregabit ca.

Elle a permis qu'un téméraire
Vint ouvertement m'outrager. *e*

C'eſt pour reſpecter ton courroux
Que j'ai tout ſouffert ſans murmure :
Puiſſes-tu détourner tes coups,
Quand ſans plainte je les endure.
Je ſuccombe : ton bras vengeur
M'a fait ſentir ſa péſanteur.
Ainſi frappes-tu qui t'offenſe !
Mais l'homme inſenſible à tes traits
Dans ſon aveuglement ne penſe
Qu'à former les plus vains projets. *f*

Entens les ſoupirs de mon cœur :
Voi de mes yeux couler les larmes :
Prononce un mot en ma faveur,
Pour mettre fin à mes allarmes.
Semblable à mes triſtes ayeux
Je ſuis étranger dans ces lieux,

---

e 11. Et nunc quæ eſt expectatio mea? Non ne Dominus? & ſubſtantia mea apud te eſt.

12. Ab omnibus iniquitatibus meis erue me, opprobrium inſipienti dediſti me.

f 13. Obmutui & non aperui os meum, quoniam tu feciſti, amove à me plagas tuas.

14. A fortitudine manus tuæ ego defeci in increpationibus, propter iniquitatem corripuiſti hominem.

15. Et tabeſcere feciſti ſicut araneam animam ejus : verumtamen vane conturbatur omnis homo.

Et j'en vais bien-tôt difparoître :

Laiſſe-moi refpirer, grand Dieu,

Avant qu'au monde, où j'ai pris l'être,

Je diſe un éternel adieu. *g*

Traduction du Pſeaume LXXXI.

Où le Prophéte fait parler Dieu aux Princes
& aux Magiſtrats, pour les avertir de
leur devoirs, & les faire reſſouvenir de
la mort, où ſe terminera leur puiſſance.

SUR la terre Dieu va defcendre,

C'eſt chez vous, Juges des humains,

Et dans vos conſeils, ſouverains,

Que ſa voix va ſe faire entendre.

Il examine vos Arréts ;

Et bien-tôt vous allez apprendre,

Que vous étes ſoumis vous-même à ſes décrets. *a*

----

g 16. Exaudi orationem meam, Demine, & deprecationem meam, auribus percipe lachrymas meas.

17. Ne fileas quoniam advena ego ſum apud te, & peregrinus ficut omnes patres mei.

18. Remitte mihi ut refrigerer, priufquam abeam & amplius non ero.

a 1. Deus ſtetit in Synagoga Deorum : in medio autem Deos dijudicat.

» Vous , images de ma puiffance ,

» Ombres de ma divinité ,

» Vous qui devés de l'équité

» Pefer les droits dans la balance :

» Pourquoi, vous dit-il , du pécheur

» Ofez-vous prendre la défenfe

» Fauffement éblouis de fon éclat trompeur. *b*

» Votre miniftere fublime

» Veut que vous foyez le foutien

» De ceux dont on ravit le bien ;

» Et des indigens qu'on opprime.

» Rejettez ces dons dangereux

» Qui peuvent vous induire au crime ;

» Et des mains des méchans, fauvés les malheureux. *c*

Leur paffion , leur avarice ,

Les rendent fourds à ces avis.

L'innocent pouffe de vains cris,

Ils n'écoutent que leur caprice.

Les ténébres couvrent leurs pas ;

Et quand leur cruelle injuftice

Renverfe tout , eux feuls ne s'en étonnent pas: *d*

---

b 2. Ufquequo judicatis iniquitatem , & facies peccatorum fumitis ?

c 3. Judicate egeno & pupillo : humilem & pauperem juftificate.

4. Eripite pauperem , & egenum de manu peccatoris liberate.

d 5. Nefcierunt neque intellexerunt ; in tenebris ambulant : movebuntur omnia fundamenta terræ.

Ecoutez-la juste sentence
Que prononce le Roi des cieux.
  » J'ai dit : vous êtes tous des Dieux ,
  » Fils du Très-Haut , sa ressemblance.
  » Vous serés hommes à la mort.
  » Que deviendra votre puissance
» Quand des plus vils mortels vous subirés le sort ? *e*

Parois donc , Monarque suprême ,
Libérateur tant souhaité :
Dans ton immortelle équité
Viens juger la terre toi-même.
Exerce sur elle tes droits :
Satisfais au désir extrême
Qu'elle a de voir soumis les peuples à tes loix.

---

e 6. Ego dixi, Dii estis vos : & filii excelsi omnes.
7. Vos autem sicut homines moriemini , & sicut unus de Principibus cadetis.
f 8. Surge , Deus , judica terram, quoniam tu hereditabis in omnibus Gentibus.

Traduction du Chapitre II. de Jonas.

Qui renferme la priere que fit le Prophéte au Seigneur, étant dans le ventre de la Baleine.

DANS mon affliction extrême
J'ai touché par mes cris le Dieu de l'Univers:
Ma voix s'eſt fait entendre à cet Etre ſuprême
    Du ſombre ſéjour des enfers. *a*

    Tu m'avois ſubmergé dans l'onde:
Les fleuves raſſemblés m'entouroient de leurs eaux:
Dans le gouffre, Seigneur, de cette mer profonde
    J'ai vû ſur moi rouler tes flots. *b*

    Je diſois: » Loin de ta preſence
» Me voila rejetté pour toujours, ô mon Dieu.
Mais ton bras m'a ſauvé contre toute apparence;
    Et je reverrai ton Saint lieu. *c*

---

a Clamavi de tribulatione meâ ad Dominum, & exaudivit me : de ventre inferi clamavi, & exaudiſti vocem meam. *v.* 3.

b Et projeciſti me in profundum in corde maris: & flumen circumdedit me : omnes gurgites tui, & fluctus tui ſuper me tranſierunt. *v.* 4.

c Et ego dixi : abjectus ſum a conſpectu oculorum tuorum : verùm tamen ruſus videbo templum ſanctum tuum. *v.* 5.

L'eau pénétroit jusqu'à mon ame:
Des abymes affreux me servoient de remparts ;
Et la mer, de mes jours prête à trancher la trame,
    Serroit mon corps de toutes parts. *d*

    J'ai crû dans ma chute effroyable,
Que la terre devoit m'engloutir pour toujours :
Tu me sauves la vie ; & ton bras adorable
    Fait voir ce que peut son secours. *e*

    Dans un danger si manifeste
Mon ame du Seigneur eut un prompt souvenir :
Pour qu'au séjour, grand Dieu, de ta gloire céleste
    Ma priere put parvenir. *f*

    Jamais le Tout-Puissant n'accorde
Aux perfides Gentils de semblables faveurs :
Ils mettent un obstacle à sa miséricorde
    En suivant leurs vaines erreurs. *g*

    Pour moi, j'exalterai sans cesse,
Je publirai partout les bienfaits du Seigneur ;
Et j e serai fidelle à remplir la promesse
    Que j'ai faite à Dieu mon Sauveur. *h*

---

d Circumdederunt me a-
quæ usque ad animam
meam : abyssus vallavit
me, pelagus operuit caput
meum. *v.* 6.

e. Ad extrema montium
descendi : terræ vectes con-
cluserunt me in æternum ;
& sublevabis de corruptione
vitam meam, Domine Deus
meus. *v.* 7.

f Cùm angustiaretur in
me anima mea, Domini re-
cordatus sum : ut veniat ad
te oratio mea ad templum
sanctum tuum. *v.* 8.

g Qui custodiunt vanita-
tes frustrâ, misericordiam
suam derelinquunt. *v.* 9.

b Ego autem in voce lau-

Traduction

Traduction du Chapitre XIII. d'Efther.

Où fe trouve la priere que fit Mardochée au Seigneur, pour demander la délivrance du peuple Ifraelite.

MARDOCHE'E animé d'une fainte efpérance,
Rappellant les bienfaits du Monarque éternel,
Dit : qui peut réfifter, Seigneur, à ta puiffance
    Si tu veux fauver Ifraël ! *a*

Ta fageffe a créé, le Ciel, la Terre & l'Onde;
Et ce vafte Univers eft l'œuvre de ta main :
Tout à tes volontés eft foumis dans le monde:
    Tout te connoît pour fouverain. *b*

Tu fçais, Dieu clairvoyant, qui lis dans ma penfée;
Que d'Aman fi j'ai craint d'être l'adorateur,
Ce n'eft point par motif d'une gloire infenfée,
    Ni par mépris, ni par hauteur. *c*

---

dis immolabo tibi quæcumque vovi, reddam pro falute Domino. *v.* 10.

a Mardochæus autem deprecatus eft Dominum, memor omnium operum ejus, & dixit : Domine, Domine Rex omnipotens, in ditione enim tuâ cuncta funt pofita,

& non eft qui poffit tuæ refiftere voluntati, fi decreveris falvare Ifraël. *v.* 8 & 9.

b Tu fecifti cœlum & terram, & quidquid Cœli ambitu continetur, Dominus omnium es, nec eft qui refiftat Majeftati tuæ. *v.*10 & 11

c Cuncta nofti, & fcis

I

Jusqu'à baiſer ſes pas je m'abaiſſerois même,
S'il falloit procurer le ſalut d'Iſraël :
Je craignois, en rendant cet hommage ſuprême,
D'égaler l'homme à l'immortel. *d*

Notre ennemi voudroit perdre ton héritage,
Dieu d'Abraham , accours ; & ſois notre ſoutien ?
Sauve ceux qu'autrefois tu tiras d'eſclavage,
En ſubmergeant l'Egyptien. *e*

Sois propice à nos vœux : par ta toute-puiſſance
Fais ſucceder la joie à nos vives douleurs ;
Et conſerve nos jours , pour louer ta clémence,
Et pour publier tes grandeurs. *f*

---

quia non pro ſuperbiâ & contumeliâ , & aliquâ gloriæ cupiditate , fecerim hoc, ut non adorarem Aman ſuperbiſſimum. *v.* 12.

d Libenter enim pro ſalute Iſraël etiam veſtigia pedum ejus deoſculari paratus eſſem. Sed timui ne honorem Dei mei transferrem ad hominem. *v.* 13 & 14.

e Et nunc Domine Rex Deus Abraham , miſerere populi tui , quia volunt nos inimici noſtri perdere, & hereditatem tuam delere. Ne deſpicias partem tuam , quam redemiſti tibi de Ægypto. *v.* 15 & 16.

f Exaudi deprecationem meam , & propitius eſto ſorti & funiculo tuo , & converte luctum noſtrum in gaudium , ut viventes laudemus nomen tuum , Domine ; & ne claudas ora te canentium. *v.* 17.

Cantique d'Anne, tiré du Chapitre II. du I. Livre des Rois.

Amour sacré, qui dans mon cœur
Excites ces transports qui raviffent mon ame,
Feu pur, infpire moi, pour louer le Seigneur,
Les termes les plus vifs & dignes de ta flamme.
Ma force vient de toi, mon Dieu; c'eft ta vertu
Qui releve en ce jour mon courage abattu :
De mes vains ennemis la furprife eft extrême,
De voir que je me livre à ces tranfports joyeux :
    Ma joie eft en celui que j'aime,
Elle vient du fecours que j'ai reçu des Cieux. *a*

    Il n'eft point de vrai faint que toi :
Rien n'égale, Seigneur, ta force & ta puiffance.
Vous, mortels orgueilleux, venez, écoutés moi;
Et que l'impiété fe taife en fa préfence.
Du grand Dieu de Jacob connoiffés le pouvoir :
Il eft riche en fageffe, il eft riche en fçavoir;
Et nul projet heureux qu'il n'ait formé lui-même.
Il brife quand il veut l'arc de fes ennemis :

---

a Exultavit cor meum in Domino, & exaltatum eft cornu meum in Deo meo : dilatatum eft os meum fuper inimicos meos : quia lætata fum in falutari tuo. *v*. I.

Par son assistance suprême
Du foible chancelant les pas sont affermis. *b*

Tel aujourd'hui manque de pain
Qui le jour précédent vivoit dans l'opulence ;
Et ceux que tourmentoit la plus cruelle faim
Se trouvent au contraire au sein de l'abondance.
Telle étoit affligée en sa stérilité ,
Dont le cœur d'allégresse est soudain transporté ,
De voir croître autour d'elle , & son fils , & sa fille ,
Tandis qu'une autre , hélas ! pleure le triste sort
De la plus nombreuse famille ,
Que le Ciel livre en proye aux fureurs de la mort. *c*

Arbitre de notre destin ,
Dieu tient en son pouvoir , & la mort , & la vie :
Richesse , pauvreté , tout nous vient de sa main :
Son bras éleve l'homme , & son bras l'humilie.
Le mortel le plus vil , & le plus ignoré ,
Est élevé souvent jusqu'au plus haut dégré ,

---

b Non est sanctus, ut est Dominus : neque enim est alius extrà te , & non est fortis sicut Deus noster. Nolite multiplicare loqui sublimia gloriantes : recedant vetera de ore vestro , quia Deus scientiarum, Dominus est , & ipsi præparantur cogitationes. Arcus fortium superatus est, & infirmi accincti sunt robore. *v.* 2 , 3 *& 4.*

c Repleti prius pro panibus se locaverunt : & famelici saturati sunt , donec sterilis peperit plurimos : & quæ multos habebat filios, infirmata est. *v.* 5.

Quand Dieu veut le placer entre les grands du monde :
Celui qui fit le Ciel, & la Terre, & les Mers,
    Qui dans leur lit referra l'onde,
Difpofe feul de tout en ce vafte Univers. *d*

    Dans leur marche il guide fes faints,
Et laiffe les méchans errer dans les ténebres.
Sans le fecours du Ciel que peuvent les humains?
D'en haut vient la vertu qui rend les grands célebres.
Sur tous fes ennemis Dieu repand la terreur :
Il ébranle les cieux lorfque dans fa fureur
Il fait contre l'impie éclater fon tonnerre.
Il comblera d'honneurs le Roi qu'il a facré :
    Il jugera toute la terre ;
Et l'on verra fon Chrift à jamais révéré. *e*

d Dominus mortificat & vivificat, deducit ad inferos & reducit. Dominus pauperem facit & ditat, humiliat & fublevat. Sufcitat de pulvere egenum, & de ftercore elevat pauperem : ut fedeat cum principibus, & folium gloriæ teneat. Domini enim funt cardines terræ, & pofuit fuper eos orbem. *v.* 6, 7 *&* 8.

e Pedes fanctorum fuorum fervabit, & impii in tenebris conticefcent : quia non in fortitudine fuâ roborabitur vir. Dominum formidabunt adverfarii ejus : & fuper ipfos in Cœlis tonabit. Dominus judicabit fines terræ, & dabit imperium Regi fuo, & fublimabit cornu Chrifti fui. *v.* 9 *&* 10.

STANCES.

Tirées de quelques endroits des Epîtres de S. Paul.

Où font recommandées la grace & la divinité du Sauveur de la façon la plus fublime.

LA grace du Sauveur vient de nous apparoître,
    Pour nous fervir de nouveau maître.
Elle montre aux mortels à fuir l'impiété ;
Et traçant ici-bas la route qu'on doit fuivre,
    Elle leur apprend à bien vivre,
Dans l'étroite juftice & la fobriété. *a*

Dieu, de plufieurs façons, par la voix des Prophétes,
    De fes loix facrés interprêtes,
Sçut parler autrefois à nos premiers parens ;
Mais dans ces derniers jours voici l'Etre fuprême
    Qui nous parle par fon fils même,
Héritier de fes biens & créateur des tems. *b*

---

a Apparuit gratia Dei Salvatoris noftri omnibus hominibus, erudiens nos, ut abnegantes impietatem, & & fecularia defideria ; fobriè, juftè, & piè vivamus in hoc fæculo. I. *ad tit. c.* 2. *v.* 11. *& 12.*

b Multifariam multifque modis olim Deus loquens patribus in Prophetis : noviffime diebus iftis loqutus eft nobis in filio, quem conftituit hæredem univerforum, per quem fecit & fæcula. *Hebr. c.* 1. *v.* 1. *& 2.*

Ce Fils a la fplendeur & le vrai caractere
  De la fubftance de fon Pere :
Sa parole peut tout : de fon autorité
Il accorde au pécheur le pardon de fon crime ;
  Et dans le lieu le plus fublime
Il fe tient près du trône & de la Majefté. *c*

Tout jufqu'à l'Ange enfin le cede à fa puiffance ;
  Et l'on fent fa prééminence
Au nom de Fils de Dieu qui n'eft donné qu'à lui.
A quel Ange des Cieux vit-on l'Etre adorable
  Accorder un titre femblable :
Luï difant : » oui, mon fils je t'engendre aujourd'hui? *d*

» C'eft moi qui fuis fon pere , ajoute-t-il encore ;
  » Et je veux que l'Ange l'adore
» Lorfque dans l'univers j'introduirai ce fils.
Et quand le Tout-puiffant fait l'éloge des Anges ,
  Il leur dit pour toutes louanges,
Qu'ils font fa vive flamme, & fes plus purs efprits. *e*

---

c Qui cum fit fplendor gloriæ , & figura fubftantiæ ejus , portanfque omnia verbo virtutis fuæ , purgationem peccatorum faciens , fedet ad dexteram Majeftatis in excelfis. *v. 3.*

d Tanto melior Angelis effectus , quanto differentius præ illis nomen hereditavit. Cui enim dixit aliquando Angelorum : filius meus es tu , ego hodie genui te. *v. 4. & 5.*

e Et rurfum ero illi in patrem , & ipfe erit mihi in filium. Et cum iterum introducit primogenitum in orbem terræ , dicit : & adorent eum omnes Angeli Dei. Et ad Angelos quidem dicit: qui facit Angelos fuos fpiritus , & miniftros fuos flammam ignis. *v. 6 & 7.*

Au fils il dit : ,, ton trône à jamais sera stable :
      ,, Ton regne est un regne équitable :
,, Tu chéris la justice, & hais l'iniquité.
,, Aussi Dieu t'a donné l'onction merveilleuse,
      Sur toute autre ame bienheureuse
,, Qui doit participer à ta félicité. *f*

,, C'est toi qui commenças par affermir la terre ;
      ,, Et tout ce que le ciel enferre
,, Est l'œuvre de tes mains, qui doit un jour périr.
,, Changeant tout sans changer, toi seul Être supréme,
      ,, Tu demeures toujours le même ;
,, Et le cours de tes ans ne doit jamais finir. *g*

---

f Ad filium autem : thronus tuus Deus, in sæculum sæculi : virga æquitatis virga regni tui. Dilexisti justitiam &odisti iniquitatem : propterea unxit te Deus, Deus tuus, oleo exultationis præ participibus tuis. *v.* 8. & 9.

g Et tu in principio terram fundasti : & opera manuum tuarum sunt cœli. Ipsi peribunt, tu autem permanebis, & omnes ut vestimentum veterascent : & velut amictum mutabis eos, & mutabuntur : tu autem idem ipse es, & anni tui non deficient. *v.* 10. 11. & 12.

F I N.

POËSIES MORALES

OU

LES PRECEPTES

DE LA VIE CIVILE,

Mis en distiques Latins attribués à
Caton, & traduits en vers François
*par M. l'Abbé S***.*

A PARIS,

Chez la Veuve CAILLEAU, Libraire, rue
S. Jacques, au-dessus de la rue des
Mathurins, à S. André.

M. DCC. LI.

Avec Approbation & Privilege du Roi.

A MADAME
LA MARECHAL
DE DURAS.

Madame,

L'Ouvrage qui paroît ici sous le titre de Distiques de Caton, pourroit être appellé le Livre d'or, pour la sagesse des maximes qu'il renferme. Un écrit de cette importance devoit paroître en public sous votre illustre protection, pour s'y montrer avec l'éclat & la distinction qui lui sont dus. Notre sage Monarque pouvoit-il donner une plus grande preuve de son juste discernement, qu'en vous choi-

A ij

fiſſant pour remplir la place éminente que vous tenez auprès de MESDAMES ? La ſageſſe & la prudence que vous y faites paroître dans toutes les occaſions où il s'a-git de perfectionner l'éducation de ces Auguſtes Princeſſes, eſt ce qui fait ici le ſujet de mon admiration ; & ce qui m'engage, MADAME, autant que le motif de la reconnoiſſance, à vous dédier un Ouvrage, qui a pour but de perfectionner les mœurs, & de former les hommes dans toutes les vertus civiles. Puiſſiez-vous, MADAME, recevoir avec votre bonté ordinaire, cette marque du profond reſpect avec lequel j'ai l'honneur d'être,

MADAME,

Votre très-humble & très-obéiſſant ſerviteur S****

PRÉFACE.

PARMI les ouvrages les plus admirables que nous a fourni l'antiquité profane, on doit mettre celui-ci qui renferme les Diſtiques attribués à Caton, où ſont renfermés les préceptes de la vie commune. Il eſt ſurprenant qu'un Livre ſi utile pour former les mœurs, & qui pour cette raiſon devroit être entre les mains de tout le monde, ſurtout dans celles de la jeuneſſe, ſoit auſſi peu connu qu'il l'eſt de nos jours. Il eſt auſſi fort étonnant, qu'aucun de nos Auteurs modernes ne ſe ſoit aviſé de traduire en vers François ces Diſtiques, pour donner plus de faveur à cet ouvrage. Il y a plus de 25 ans qu'une perſonne *

* *Ayeul maternel du nouvel Editeur de cet Ouvrage.*

A iij

qui pouvoit paſſer pour un des Ca-
tons de ſon ſiécle, laiſſa en mou-
rant un écrit qui faiſoit connoître
qu'il avoit eu le premier le deſſein
d'entreprendre cette traduction. J'é-
tois fort jeune lorſqu'elle fut miſe entre mes mains par un des héritiers de
l'Auteur. Apercevant que j'avois
quelque goût pour la Poëſie, il m'en-
gagea à travailler à la correction de
cette traduction, qu'il avoit ſenti
être remplie de défauts. Je la trouvai
moi-même ſi imparfaite, que je ju-
geai dès - lors qu'il falloit refondre
l'ouvrage en entier. Je m'appliquai
quelque tems à ce travail, qui fut
d'abord interrompu par un long cours
d'études de Théologie, & enſuite
par des travaux que je regardois
comme plus utiles. J'avois même
perdu l'idée de cet ouvrage, lorſ-

qu'au bout de plus de vingt ans d'in-
terruption je fus encore follicité à
donner mes foins à le continuer. Le
premier Auteur de cette traduction
s'étoit aftraint à la loi rigoureufe
de rendre en quatre vers Alexandrins
chaque diftique, qui n'en contient
que deux dans le Latin. M'étant
apperçu que cette loi trop gênante
l'avoit engagé à prendre fouvent des
tours trop languiffans, j'ai cru, pour
éviter cet inconvenient, qu'il falloit
fuivre une autre route , & mettre
quelques vers de huit fillabes dans
tous les endroits où ils pourroient fervir à rendre la Poëfie plus coulante ,
& à exprimer plus vivement les penfées. Ainfi dans ces quatrains , que
j'ai refaits, prefque tous en entier, il
y en a peu où l'on ne trouve un ou
deux de ces fortes de vers placés au

commencement, ou au milieu, ou à la fin de la stance, selon que les circonstances l'ont demandé. J'espere que le Public jugera que dans cette traduction mise au-dessus du texte latin (que je me suis appliqué à rendre fidellement & clairement, malgré l'obscurité qui se trouve dans quelques endroits) j'ai trouvé le moyen de mêler comme l'Auteur ancien, l'agréable à l'utile.

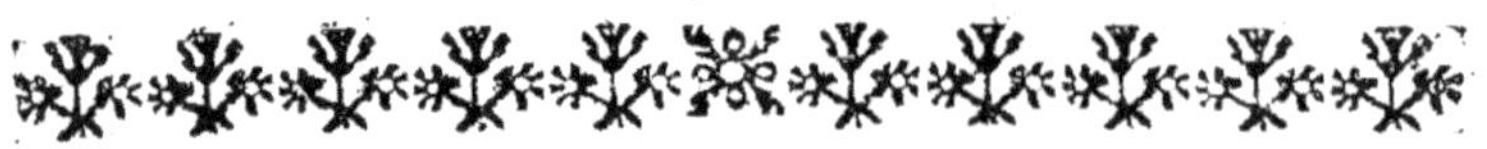

LES PRECEPTES
DE CATON,
Touchant la vie commune.
Traduits en vers François.

LIVRE PREMIER.

PREFACE.

'ETANT apperçu que la plûpart des hommes s'égarent dans la conduite de leurs mœurs,
j'ai cru, pour les tirer d'erreur, être obligé
de leur procurer par mes conseils une vie honnête
& honorable : c'est ce qui m'engage, mon cher fils, à
te prescrire dans cés vers les moyens de regler la
tienne: Lis les donc de maniere que tu puisses les entendre ; car c'est avoir pour ce qu'on lit bien peu d'esti-
me , que d'en négliger l'intelligence.

Cum animadverterem quàm plurimos homines gra-
viter errare in viâ morum , succurrendum & consulen-
dum eorum opinioni existimavi. Maxime ut gloriosè
viverent , & honorem contingerent. Nunc te , fili cha-
rissime , docebo quo pacto mores animi tui componas.
Igitur mea præcepta ita legito , ut intelligas : legere
enim & non intelligere , negligere est.

I.

SI c'eſt un pur eſprit que le ſouverain Etre,
Ainſi que dans ſes vers le Poëte l'écrit,
Que ton ſoin principal ſoit de le reconnoître,
L'adorant de cœur & d'eſprit.

I I.

Veille autant que tu peux ; & fuyant la moleſſe
Des douceurs du repos n'uſe que ſobrement ;
Car le trop long ſommeil engendre la pareſſe,
Qui ſert au vice d'aliment.

I I I.

La premiere vertu de l'homme raiſonnable
Eſt de mettre à ſa langue un frein judicieux.
Il n'eſt rien de plus eſtimable :
L'homme qui ſçait ſe taire eſt preſque égal aux Dieux.

I V.

D'eſprit toujours égal, jamais ne t'abandonne
A dire, ou faire rien, qui ſoit contraire à toi :

I. Si Deus eſt animus, nobis ut carmina dicunt,
Hic tibi præcipuè ſit purâ mente colendus.

II. Plus vigila ſemper, nec ſomno deditus eſto :
Nam diuturna quies vitiis alimenta miniſtrat.

III. Virtutum primam eſſe puta compeſcere linguam,
Proximus ille Deo, qui ſcit ratione tacere.

IV. Sperne repugnando tibi tu contrarius eſſe :

Un homme ne sçauroit s'entendre avec perſonne,
Qui n'eſt pas d'accord avec ſoi.

V.

Si tu veux obſerver la conduite des hommes,
Dereglés, ſoumis à leurs ſens,
Avant de les blâmer penſe à ce que nous ſommes ;
Penſe qu'il n'en eſt point qui vivent innocens.

V I.

Aux objets les plus chers, lorſqu'ils peuvent te nuire
Renonce avec facilité.
L'amour même des biens, pour ne pas nous ſéduire,
Doit ceder à ſon tour à notre utilité.

V I I.

Cede, lorſqu'il convient d'uſer de complaiſance :
Sçache auſſi te montrer ferme en tes ſentimens.
C'eſt un effet de la prudence
De changer quand il faut s'accommoder au tems.

Conveniet nulli qui ſecum diſſidet ipſe.

V. Si vitam inſpicias hominum, ſi denique mores,
Cùm culpes alios, nemo ſine crimine vivit.

VI. Quæ nocitura tenes, quamvis ſint cara, relinque,
Utilitas opibus præponi tempore debet.

VII. Conſtans & lenis, ſicut res poſtulat, eſto :
Temporibus mores ſapiens ſine crimine mutat.

VIII.

Ne fois pas trop crédule à tout ce que déclame
Contre tes ferviteurs une époufe en courroux.
     On déplaît fouvent à la femme
Pour avoir le malheur de trop plaire à l'époux.

IX.

Tu crois devoir donner quelque avis falutaire,
Qu'un indocile ami ne veut pas recevoir.
Ne te rebute point ; & d'un amour fincere
     Montre-lui toujours fon devoir.

X.

Avec un grand parleur n'entre point en matiere :
Pour l'emporter fur lui tu perdrois ton repos.
Tous ont pour la parole un talent ordinaire ;
     Mais peu pour parler à propos.

X I.

Aime-toi le premier, ton amitié féconde
Peut fe prêter enfuite en faveur d'un égal ;

VIII. Nil temerè uxori de fervis crede querenti,
Sæpè etenim mulier quem conjux diligit odit.

IX. Cùmque mones aliquem, nec fe velit ipfe moneri,
Si tibi fit charus, noli defiftere cœptis.

X. Contra verbofos noli contendere verbis :
Sermo datur cunctis, animi fapientia paucis.

XI. Dilige fic alios ut fis tibi charus amicus,

Mais pour faire du bien, fais tel choix de ton monde,
Qu'il ne t'en arrive aucun mal.

X I I.

Ne prens point part aux bruits que seme le vulgaire,
De crainte de paſſer pour en être l'auteur.
On ne riſque rien à ſe taire;
Et ſouvent pour parler on cauſe ſon malheur.

X I I I.

Ce qu'on t'aura promis d'un air de certitude,
Ne vas pas le promettre avant de l'obtenir.
Combien dans leur parole ont peu d'exactitude!
Beaucoup ſçavent promettre, & peu ſçavent tenir.

X I V.

Lorſqu'on parle à ton avantage,
Sçache alors te juger toi-même à la rigueur:
Au ſentiment d'autrui n'en croi pas davantage,
Qu'au témoignage de ton cœur.

Sic bonus eſto bonis, ne te mala damna ſequantur.

XII. Rumores fuge, ne incipias novus author haberi:
Nam nulli tacuiſſe nocet, nocet eſſe locutum.

XIII. Rem tibi promiſſam, certò promittere noli:
Rara fides ideò quia multi multa loquuntur.

XIV. Cùm te aliquis laudat, judex tuus eſſe memento:
Plus aliis de te, quàm tu tibi credere noli.

X V.

Ne diffimule point le bien qu'on t'a fçu faire :
     En public nommes-en l'auteur.
Celui que tu feras , fois habile à le taire :
Fais fentir le bienfait , cache le bienfaiteur.

X V I.

Lorfque ton fouvenir rappelle en ta vieilleffe
     Des faits que tu veux raconter :
Penfe à ce que tu fis toi-méme en ta jeuneffe ;
Et du bien & du mal tâche de profiter.

X V I I.

Ne t'inquiete point lorfque tu verras dire
Quelque chofe en fecret à l'oreille d'autrui :
Celui dont la conduite offre le plus à rire
     Croit toujours qu'on parle de lui.

X V I I I.

Quand pour toi la fortune eft la plus liberale ,
Redoute en fes faveurs quelque revers fatal.

XV. Officium alterius , multis narrare memento :
Atque aliis cùm tu benefeceris , ipfe fileto.

XVI. Multorum cùm facta fenex , & dicta recenfes ;
Fac tibi fuccurrant juvenis quæ feceris ipfe.

XVII. Ne cures fi quis tacito fermone loquatur :
Confcius ipfe fibi de fe putat omnia dici.

XVIII. Cùm fueris felix , quæ funt adverfa caveto !

Elle change souvent, & sa course inégale
   Commençant bien, peut finir mal.

X I X.

La vie étant fragile & peu sûre à tout âge,
Quelque bonne santé dont tu puisses jouir,
   Ne compte point sur l'héritage
Qu'à la mort d'un parent tu pourrois obtenir.

X X.

Le présent qu'un ami t'offre en son indigence,
Quelque petit qu'il soit, reçois-le avec bonté;
Et pour premier effet de ta reconnoissance
   Vante sa liberalité.

X X I.

Pense sans t'effrayer à cette derniere heure
   Où tu dois terminer ton cours.
Trembler incessamment de crainte qu'on ne meure,
C'est renoncer à vivre, & mourir tous les jours.

Non eodem cursu respondent ultima primis.

XIX. Cùm dubia & fragilis sit nobis vita tributa,
In morte alterius spem tu tibi ponere noli.

XX. Exiguum munus cùm dat tibi pauper amicus,
Accipias placidè & planè laudare memento.

XXI. Ne timeas illam, quæ vitæ est ultima finis,
Qui mortem metuit, quod vivit perdit idipsum.

XXII.

Tu vois que la nature au jour de ta naissance
T'a mis au monde pauvre, & dans la nudité,
Souffre donc sans impatience
Les rigueurs de la pauvreté.

XXIII.

Si tes bienfaits & tes services
N'ont pû te procurer un ami comme il faut :
Ne t'en prens point au ciel, l'accusant d'injustices ;
Et ne blâme que ton défaut.

XXIV.

Contre la pauvreté le plus sur des remedes
Est d'user sobrement du bien qu'on t'a laissé :
Pour garder ce que tu possedes,
Pense à tous les besoins dont l'homme est menacé.

XXV.

Oblige promptement dès que tu peux le faire,
Sans promettre deux fois un bienfait trop vanté ;

XXII. Infantem nudum cùm te natura crearit
Paupertatis onus patienter ferre memento.

XXIII. Si tibi pro meritis nemo respondet amicus,
Incusare Deum noli, sed te ipse coerce.

XXIV. Ne tibi quid desit, quæsitis utere parcè :
Utque quod est serves, semper tibi deesse putato.

XXV. Quod præstare potes ne bis promiseris ulli :

On paſſe pour vain d'ordinaire
En faiſant trop valoir ſa généroſité.

X X V I.

Lorſque quelqu'un te jure une amitié fidelle,
Portant la haine dans le cœur :
Ne le rebute point : montre-lui même zéle :
L'artifice eſt permis pour tromper le trompeur.

X X V I I.

Fui ces diſcours flatteurs qui tendent à ſéduire :
On ne flatte que pour duper.
Au doux ſon de ſa flutte un oiſeleur attire
L'oiſeau que dans le piege il tâche d'attraper.

X X V I I I.

Ayant nombre d'enfans avec peu de richeſſe,
Fais-leur apprendre un art qui puiſſe les nourrir,
Afin qu'au moins par leur adreſſe
Ils évitent la faim qu'ils auroient à ſouffrir.

Ne ſis ventoſus dum vis urbanus haberi.

XXVI. Qui ſimulat verbis, nec corde eſt fidus amicus :
Tu quoque fac ſimile : ſic ars deluditur arte.

XXVII. Noli homines blando nimium ſermone probare :
Fiſtula dulce canit, volucrem dum decipit auceps.

XXVIII. Si tibi ſint nati, nec opes : tunc artibus illos
Inſtrue, quo poſſint inopem defendere vitam.

E

X X I X.

Tiens pour vil chofe chere ; & prife comme rare
Ce qui par le vulgaire eft le moins recherché :
Par l'un tu fuis le nom d'avare ;
Par l'autre des faux biens ton cœur eft détaché.

X X X.

Fui le mal dont fouvent tu blâmes la pratique ;
Fais le bien dont tu veux être le défenfeur.
Quelle honte pour toi , Docteur , dans ta critique,
Si le vice étoit ton cenfeur !

X X X I.

Ne demande jamais que ce que la juftice
Ou bien l'honnéteté peuvent autorifer :
Le Sage ne doit point demander par caprice
Tout ce que la raifon a droit de refufer.

X X X I I.

Des chofes que tu fçais parle avec affurance :
Quand tu doutes , fois retenu.

XXIX. Quod vile eft, carum : quod carum eft vile putato,
Sic tibi nec cupidus , nec avarus nofceris ulli.

XXX. Quæ culpare foles ea tu ne feceris ipfe.
Turpe eft doctori cum culpa redarguit ipfum.

XXXI. Quod juftum eft petito , vel quod videatur ho-
neftum ,
Nam ftultum eft petere id quod poffit jure negari.

XXXII. Ignotum tibi tu noli præponere notis :

On juge en sûreté quand on a connoiſſance :
On décide au hazard ſur un fait inconnu.

XXXIII.

Voyant qu'au cours de cette vie
De fâcheux accidens ſe mélent tour à tour :
Pour compenſer les maux dont le ciel l'a remplie,
Eſtime un très-grand bien le don de chaque jour.

XXXIV.

Pouvant ſur tes amis remporter l'avantage ,
Mets ton honneur à leur céder :
Un peu de complaiſance ainſi miſe en uſage
Te ſoumettra les cœurs que tu veux poſſéder.

XXXV.

Ne refuſe jamais de donner peu de choſe
A ceux dont tu prétens beaucoup plus obtenir,
Un don fait à propos , diſpoſe ;
Et fournit à deux cœurs les moyens de s'unir.

Cognita judicio conſtant ; incognita , caſu.

XXXIII. Quum dubia incertis verſetur vita periclis,
Pro lucro tibi pone diem quicumque laboras.

XXXIV. Vincere cùm poſſis , interdum cede ſodali :
Obſequio quoniam dulces retinentur amici.

XXXV. Non dubites , quum magna petas , impendere
parva :
His etenim rebus conjungit gratia charos.

XXXVI.

Prens garde que l'amour du procès ne t'entraîne
A divifer un tout dont tu fais la moitié :
    La colere engendre la haine,
Et par l'efprit de paix on nourrit l'amitié.

XXXVII.

Si tu peux vaincre autrui, cede par complaifance :
Rien de plus glorieux que de vaincre en cedant ;
Car entre les vertus c'eft à la patience
    Qu'on doit donner le premier rang.

XXXVIII.

Ton domeftique a-t'il mérité quelque blâme ?
Modere le courroux qui t'aigrit contre lui.
    Ce n'eft qu'en poffédant ton ame,
Que tu peux compatir aux foibleffes d'autrui.

XXXIX.

    As-tu des biens en abondance,
Garde-les pour le tems où ceffent les travaux :

XXXVI. Litem inferre cave ; cùm fit tibi gratia junɛta ;
Ira odium generat, concordia nutrit amorem.

XXXVII. Quem fuperare potes, interdum vince ferendo.
Maxima enim morum femper patientia virtus.

XXXVIII. Servorum ob culpam quum te dolor urget in
    iram,
Ipfe tibi moderare, tuis ut parcere poffis.

XXXIX. Conferva potius quæ funt jam parta labore,

Où le travail finit, la pauvreté commence,
    Et devient le plus grand des maux.

X L.

Tu fais goûter les fruits d'une largesse extrême
A tous ceux que tu mets au rang de tes amis :
    Sois encor meilleur à toi-même
Dans l'état d'opulence où le destin t'a mis.

Quum labor in damno est, crescit mortalis egestas.

  XL. Dapsilis interdum notis, & charus amicis,
Quum fueris felix, semper tibi proximus esto.

LIVRE SECOND.

P R E F A C E.

DANS ta maison des champs si jamais tu t'ap-
   pliques
  A sçavoir dans quelles saisons
La terre se cultive, ouvre les Géorgiques :
Virgile t'y fournit d'excellentes leçons.

Si des simples tu veux avoir la connoissance,
   Macer l'enseigne dans ses vers.
Un autre te dira ce qui donna naissance
Aux troubles des Romains fameux dans l'univers.

   C'est dans Lucain qu'on peut apprendre
Comment l'ambition des chefs sçut les armer.

Telluris si fortè velis cognoscere cultus,
Virgilium legito : quod si mage nosse laboras

Herbarum vires, Macer tibi carmine dicet.
Si Romana cupis, & civica noscere bella,

Lucanum quæras, qui Martis prœlia dicet.

Si tu cherches plutôt quelque chose de tendre ,
Mieux que tout autre Ovide enseigne l'art d'aimer.

Si plus utilement tu desires t'instruïre ,
Pour la sagesse enfin , si tu sens plus d'ardeur ,
Ecoute ce que je vais dire :
Apprens à bien regler les sentimens du cœur.

Oui dans ces vers tu dois apprendre
Par quels puissans moyens le vice est combattu.
Lis-les soigneusement afin de les comprendre :
Tâche par leur secours d'atteindre à la vertu.

I.

Oblige tout le monde , & les inconnus même
Autant qu'il te sera permis :
Et sçache qu'il n'est rien , fût-ce le diadême ,
Qu'on puisse comparer au grand nombre d'amis.

Si quid amare libet , vel discere amare legendo ,

Nasonem petito : sin autem cura tibi hæc est ,
Ut sapiens vivas , audi , quo discere possis ,

Per quæ semotum vitiis traducitur ævum ,
Ergo ades , & quæ sit sapientia disce legendo.

I. Si potes ignotis etiam prodesse memento :
Utilius regno , meritis acquirere amicos.

I I.

Sur des secrets cachés par le souverain Etre,
Garde-toi de porter tes regards curieux :
     Vain mortel, pense à te connoître,
Non pas à découvrir ce qui se passe aux cieux.

I I I.

     Trop craindre la mort, c'est folie :
Fais pour vaincre ce foible, un généreux effort :
On ne sçauroit goûter les plaisirs de la vie,
En se livrant sans cesse aux frayeurs de la mort.

I V.

     Ne soutiens jamais par colere
Quelque fait que ce soit, surtout s'il est douteux :
La raison vainement t'offrira sa lumiere,
Lorsque la passion te fermera les yeux.

V.

     Fui tant que tu pourras la dépense inutile :
     Contente-toi de peu lorsqu'il faut ménager :

II. Mitte arcana Dei, cœlumque inquirere quid sit :
Quum sis mortalis, quæ sunt mortalia cura.

III. Linque metum lethi : nam stultum est tempore in omni
Dum mortem metuis, amittere gaudia vitæ.

IV. Iratus de re incertâ contendere noli :
Impedit ira animum ne possit cernere verum.

V. Quod nimium est fugito, pauco gaudere memento :
Plus

Plus le fleuve est petit , plus la barque fragile
  Vogue sur l'onde sans danger.

V I.

  Contraint de te mettre en dépense
Fais-le de bonne grace , & selon ton pouvoir :
  Certaines loix de bienséance
Paroissent dans les tems exiger ce devoir.

V I I.

Ne révéle à personne une action infâme ,

Dont tu rougis toi-même, & que tu veux cacher.

Quelle nécessité qu'un confident te blâme

D'un vice que ton cœur doit seul te reprocher ?

V I I I.

Un homme est-il petit & de mince figure ;
Ne le méprise point sur ces simples dehors :
  Souvent l'auteur de la Nature
Dédomage l'esprit de ce qu'il ote au corps.

Tuta mage est puppis , modico quæ flumine fertur.

 VI. Fac sumptum properè , quum res desiderat ipsa :
Dandum etenim est aliquid cum tempus postulat , aut res.

 VII. Quod pudeat socios prudens celare memento :
Ne plures culpent id , quod tibi displicet uni.

 VIII. Corporis exigui vires contemnere noli ;
Consilio pollet , cui vim natura negavit.

          C

IX.

Pouvant vaincre ton adverfaire,
N'ufe point de tes droits avec trop de rigueur:
On a vû bien fouvent aidé de fa colere,
Le vaincu s'élever au-deſſus du vainqueur.

X.

Ne croi pas qu'un mortel coupable d'injuſtice
Tire profit de fon péché.
S'il couvre pour un tems fon crime & fa malice,
Un jour rendra public ce qu'il avoit caché.

X I.

Fui dan s les entretiens ces difputes frivoles
Qui peuvent s'élever entre amis & parens :
Quelquefois les moindres paroles
Font naître pour des riens les plus grands differens.

X I I.

N'ufe jamais de fortilége
Pour percer les fecrets de la Divinité :

IX. Quem fcieris non eſſe parem tibi , tempore cede,
Victorem à victo fuperari faepè videmus.

X. Nolo putes pravos homines peccata lucrari ,
Temporibus peccata latent , & tempore patent.

XI. Adverfus notum noli contendere verbis :
Lis nimiis verbis interdûm maxima crefcit.

XII. Quid Deus intendat noli perquirere forte:

Celui dont dépent l'homme use du privilege
De disposer de lui sans qu'il soit consulté.

XIII.

Par des airs de grandeur n'irrite point l'envie,
Qui ne voit cet éclat qu'avec un œil jaloux :
Si son venin ne cause aucun tort à ta vie,
Il est toujours fâcheux d'être en butte à ses coups.

XIV.

Supporte constamment l'arrêt que le caprice
D'un juge prévenu prononce contre toi :
Nul ne jouit longtems d'un bien que l'injustice
    Lui vend aux dépens de la loi.

XV.

Un different t'a-t'il attiré quelque injure,
    Tu ne dois pas la pub'ier :
S'en souvenir après c'est avoir l'ame dure :
La dispute finie, on la doit oublier.

Quid statuat de te , sine te deliberat ipse.

XIII. Invidiam nimio cultu vitare memento :
Quæ si non lædit : tamen hanc sufferre molestum est.

XIV. Esto animo forti cùm sis damnatus iniquē.
Nemo diū gaudet , qui judice vincit iniquo.

XV. Litis præteritæ noli maledicta referre :
Post inimicitias iram meminisse malorum est.
C ij

X V I.

Ne vas pas te louer toi-même :
N'en montre point non plus un mépris affecté :
Le premier est l'effet d'une folie extrême,
Le second marque un cœur rempli de vanité.

X V I I.

Ayant acquis du bien, songe dans l'abondance
    Qu'il en faut user sobrement ;
Aussi-tôt qu'on se livre à la folle dépense,
Le fruit d'un long travail échappe en un moment.

X V I I I.

Prens quelquefois d'un fou le ton & l'apparence,
Lorsqu'il est dangereux d'user de ta raison ;
    C'est un trait de grande prudence
De paroître insensé quand il est de saison.

X I X.

Entre tous les défauts les plus dignes de blâme,
Evite l'avarice, & fui la volupté :

XVI. Nec te collaudes : Nec te culpaveris ipse ;
Hoc faciunt stulti quos gloria vexat inanis.

XVII. Utere quæsitis modicè, cùm sumptus abundat :
Labitur exiguo, quod partum est tempore longo.

XVIII. Insipiens esto, cùm tempus postulat, aut res :
Stultitiam simulare loco, prudentia summa est.

XIX. Luxuriam fugito : simul & vitare memento

Un homme paſſe pour un infâme,
Sur ces vices honteux ſitôt qu'il eſt noté.

X X.

Ne t'en prens qu'à toi ſeul quand tu te ſens coupable
Des excès où le vin conduit en ſa chaleur.
Le vin eſt innocent, la faute inexcuſable
N'eſt que de la part du buveur.

X X I.

Ne ſois pas d'une prompte & facile croyance,
A tout ce qui t'eſt raconté.
Des grands parleurs ſurtout prens de la défiance ;
Car qui parle beaucoup, dit peu la vérité.

X X I I.

Un ami qu'un vrai zéle enflamme,
Un Medecin prudent, ſont deux riches tréſors :
L'un pour lui confier les ſecrets de ton ame,
L'autre pour conſerver la ſanté de ton corps.

Crimen avaritiæ, nam ſunt contria famæ.

XX. Quod potu peccas, ignoſcere tu tibi noli :
Nam nullum crimen vini eſt, ſed culpa bibentis.

XXI. Noli tu quædam referenti credere ſemper :
Exigua his tribuenda fides, qui multa loquuntur.

XXII. Conſilium arcanum tacito committe ſodali,
Corporis auxilium medico committe fideli.

X X I I I.

Ton esprit trop sensible au malheur qui l'accable
Contre son triste sort veut-il se dépiter,
Songe que la fortune éléve le coupable
    Afin de le précipiter.

X X I V.

Il est certains malheurs que l'humaine prudence
    Ne peut éviter par ses soins ;
Mais pour les supporter use de prévoyance :
Le trait qu'on voit partir, s'il frappe, blesse moins.

X X V.

    Lorsque la fortune t'outrage,
Ne cede point aux coups du plus rigoureux sort.
D'un espoir généreux releve ton courage :
L'espoir seul suit par tout, même jusqu'à la mort.

X X V I.

Lorsque l'occasion s'offre à toi la premiere,
    Ne la laisse point échapper :

XXIII. Noli successus indignos ferre molestè
Indulget fortunæ malis ut lædere possit.

XXIV. Prospice qui veniunt hos casus esse ferendos :
Nam levius lædit quidquid prævidimus antè.

XXV. Rebus in adversis animum submittere noli :
Spem retine, spes una hominem nec morte relinquit.

XXVI. Rem tibi quam nosces aptam dimittere noli

Chevelue en devant , & chauve par derriere ,
Ce n'eſt que par le front qu'on la peut attraper.

X X V I I.

Aye une prévoyance ſage ;
Et des faits importans garde le ſouvenir ,
Semblable au Dieu Janus , dont le double viſage
Voit derriere & devant , le paſſé , l'avenir.

X X V I I I.

Si tu veux conſerver une vigueur parfaite ,
Tu dois uſer de tout avec ſobriété ,
　　　Le plus ſouvent faire diette ,
Peu donner aux plaiſirs , beaucoup à la ſanté.

X X I X.

Reſpecte un ſentiment reçu de tout le monde :
　　　Ne ſois pas ſeul de ton avis :
Un eſprit orgueilleux , qui dans ſon ſens abonde ,
Mépriſant le public , attire ſes mépris.

Fronte capillata eſt , ſed poſt occaſio calva.

XXVII. Quod ſequitur ſpecta : quodque imminet ante
　　　videto.
Illum imitare Deum , qui partem ſpectat utramque.

XXVIII. Fortius ut valeas , interdum parcior eſto ;
Pauca voluptati debentur , plura ſaluti.

XXIX. Judicium populi nunquam contempſeris unus :
Ne nulli placeas, dum vis contemnere multos.
C iv

X X X.

Penſe par deſſus tout à conſerver ta vie :
C'eſt-là le tréſor principal.
Si quelque excès t'entraîne en quelque maladie,
N'accuſe point le tems quand tu cauſes ton mal.

X X X I.

Des ſonges de la nuit ne t'embaraſſe guere :
Ne fonde point ſur eux d'eſpoir à ton reveil.
Ce que l'homme deſire , & tout ce qu'il eſpere,
Il croit le voir dans le ſommeil.

XXX. Sit tibi præcipuè , quod primum eſt , cura ſalutis.
Tempora ne culpes , cùm ſis tibi cauſa doloris.

XXXI. Somnia ne cures:nam mens humana quod optat ,
Cùm vigilat , ſperans , per ſomnum cernit idipſum.

LIVRE TROISIEME.

PREFACE.

DE lire cet écrit toi qui conçois l'envie ;
      Si tu veux chercher dans ces vers
Les moyens de goûter les douceurs de la vie ;
Dans ce que j'y prescris ils te feront offers.

Nourris bien ton esprit de ces sages sentences,
Et pour les retenir fais un louable effort :
      La vie oisive & sans sciences,
Qu'offre-t-elle, sinon l'image de la mort ?

Tu peux en retirer un très-grand avantage.
Loin de les méprifer, profites-en, croi moi ;

Hoc quicunque velis carmen cognofcere, lecto
Hæc præcepta feres, quæ funt gratiffima vitæ.

Inftrue præceptis animum, nec difcere ceffes :
Nam fine doctrinâ, vita eft quafi mortis imago.

Commoda multa feres, fin autem fpreveris illud.

Car le refus d'en faire ufage,
Ne fçauroit me bleffer, & n'offenfe que toi.

I.

Vivant bien, de la médifance
Laiffe voler les traits fans t'en inquieter :
Des difcours du Public, l'indomptable licence
Eft un torrent fougueux, qu'on ne peut arrêter.

I I.

Pour fervir de témoin contre un de tes intimes ;
Devant les tribunaux fi tu te vois cité :
Cache autant que tu peux fes crimes ;
Mais fans donner atteinte aux droits de l'équité.

I I I.

Crains les adulateurs, dont l'ame peu fincere
Ne vife qu'à tromper par un air impofteur.
Le vrai ne fçait fe contrefaire,
Mais le déguifement fuit par tout le flateur.

Non me fcriptorem, fed te neglexeris ipfe.

I. Cùm rectè vivas, ne cures verba malorum :
Arbitrii noftri non eft, quid quifque loquatur.

II. Productus teftis, falvo tamen antè pudore,
Quantumcumque potes celato crimen amici.

III. Sermones blandos, blefofque cavere memento :
Simplicitas veri fana eft, fraus ficta loquendi.

I V.

Evite avec soin la pareffe
Qui d'une vie heureufe épuife les tréfors :
Il n'eft pas de poifon pareil à la moleffe :
L'oifiveté de l'ame eft la perte du corps.

V.

Interromps pour un tems, par un plaifir utile,
Le foin d'un travail affidu ;
L'efprit par ce repos plus libre & plus tranquille
Sçaura mettre à profit ce qu'il aura perdu.

V I.

Par un faux efprit de critique
Des actions d'autrui ne fois point le cenfeur ;
De peur qu'à ton exemple un autre fatyrique
Ne t'accable à ton tour, en raillant le railleur.

V I I.

Ayant reçu du Ciel une fortune aifée,
De tes biens par écrit fuppute le montant:

IV. Segnitiem fugito, quæ vitæ ignavia fertur :
Nam cum animus languet, confumit inertia corpus.

V. Interpone tuis interdum gaudia curis :
Ut poffis animo quemvis fufferre laborem.

VI. Alterius dictum aut factum ne carpferis unquam :
Exemplo fimili ne te derideat alter.

VII. Quæ tibi fors dederit tabulis fuprema notato :

Pour ne pas du public essuyer la risée ,
    Garde-les en les augmentant.

V I I I.

Te voyant opulent dans l'extrême vieillesse ,
    Qui t'annonce un trépas prochain ,
A tes meilleurs amis fais part de ta richesse ;
Et jouis de la vie en attendant sa fin.

I X.

Reçoi les bons conseils qu'un serviteur te donne ;
Sans t'armer contre lui d'une sote fierté ;
    Et ne méprise dans personne
Les avis dont tu peux sentir l'utilité.

X.

    Lorsque la fortune inconstante
Te retire ses dons par un bizarre jeu ,
Reçoi de chaque jour le peu qu'il te présente ;
    Et vis satisfait de ce peu.

Augendo serva , ne sis quem fama loquatur.

VIII. Cùm tibi divitiæ superant in fine senectæ :
Munificus facito vivas , non parcus amicis.

IX. Utile consilium Dominus ne despice servi :
Nullius sensum , si prodest , tempseris unquam.

X. Rebus & in censu , si non est quod fuit antè :
Fac vivas contentus eo , quod tempora præbent.

X I.

Cherche dans une femme un esprit sociable;
Et ne l'épouse pas pour de vils intérêts :
     Ou si, d'humeur insupportable,
Elle veut te quitter, ne la retiens jamais.

X I I.

     D'autrui l'exemple est nécessaire;
Pour voir ce qui convient dans les occasions :
Ignorant ce qu'il faut, ou faire, ou ne pas faire,
De ce maître sçavant prens les instructions.

X I I I.

Consulte ton pouvoir, plutôt que ton courage,
Lorsqu'a quelque travail tu prétens t'adonner,
De peur de succomber sous le poids de l'ouvrage,
     Contraint de tout abandonner.

X I V.

     Si quelqu'un peche en ta présence,
Reprens-le ouvertement, bien loin de le flatter :

XI. Uxorem fuge, ne ducas sub nomine dotis :
Nec retinere velis, si cœperit esse molesta.

XII. Multorum disce exemplo, quæ facta sequaris,
Quæ fugias. Vita est nobis aliena magistra.

XIII. Quod potes, id tentes, operis ne pondere pressus,
Succumbat labor, & frustrà tentata relinquas.

XIV. Quod nosti haud rectè factum, nolito silere;

On pourroit croire à ton silence
Que tu souffres un mal que tu veux imiter.

X V.

Si l'abus d'une loi t'est préjudiciable ,
Va d'un juge éclairé rechercher la faveur :
Les lois veulent souvent qu'un droit plus équitable
Regle de leurs decrets la trop grande rigueur.

X V I.

Supporte sans impatience
Le mal que tu connois avoir bien mérité :
Te sentant criminel , ta propre conscience
Doit décerner la peine avec sévérité.

X V I I.

Lis beaucoup, lis sans fin ; mais cherchant à t'instruire,
A tout auteur sans choix ne vas pas te livrer :
Souvent en vers on ose dire
Des choses que l'on doit moins croire , qu'admirer.

Ne videare malos imitari velle tacendo.

XV. Judicis auxilium , sub iniqua lege rogato :
Ipsæ etiam leges cupiunt ut jure regantur.

XVI. Quod merito pateris patienter ferre memento :
Cumque reus tibi sis , ipsum te judice damna.

XVII. Multa legas facito : per lectis , perlege multa :
Nam miranda canunt , sed non credenda, Poetæ.

X V I I I.

Parmi les conviés étant assis à table ,
       Ne t'y montre point trop joyeux :
De crainte qu'affectant de paroître agréable ,
Tu ne passes plutôt pour causeur ennuyeux.

X I X.

Ne crains point les transports du courroux d'une femme
Qui fait par ses discours éclater ses fureurs ;
       Mais crains quelque secrete trame,
Lorsque pour te fléchir elle a recours aux pleurs.

X X.

Placé par la fortune au sein de l'abondance ,
       Use des biens , mais sans abus ,
Pour n'être pas contraint par ta folle dépense
D'en chercher chez autrui , quand tu n'en n'auras plus.

X X I.

Si tu veux de la mort ne point craindre l'image ,
Pense qu'elle doit mettre un terme à tes travaux :

XVIII. Inter convivas fac sis sermone modestus :
Ne dicare loquax , dum vis urbanus haberi.

XIX. Conjugis iratæ nolito verba timere :
Nam lacrymis struit insidias , dum fœmina plorat.

XX. Utere quæsitis , sed ne videaris abuti :
Qui sua consumunt , cùm deest , aliena sequuntur.

XXI. Fac tibi proponas mortem non esse timendam

Si nul bien ne vient d'elle , elle a cet avantage
　　Qu'elle est au moins la fin des maux.

XXII.

Supporte les discours d'une femme colere ,
Si d'ailleurs par ses soins tu vois tout réussir :
C'est un défaut bien grand de ne pouvoir se taire ,
　　Et de ne vouloir rien souffrir.

XXIII.

Montre envers pere & mere une pieté tendre ,
　　Rends à tous deux même devoir :
Que l'amour paternel n'empêche point de rendre
Les soins que pour sa mere un bon fils doit avoir.

Quæ bona si non est , finis tamen illa malorum est.

XXII. Uxoris linguam , si frugi est , ferre memento :
Namque malum est nil velle pati , nec posse tacere.

XXIII. Dilige non ægrâ charos pietate parentes ,
Nec matrem offendas , cum vis bonus esse parenti.

LIVRE QUATRIEME.

PREFACE.

Qui que tu fois, lecteur, qui veux en affurance
Profiter de la vie, & goûter fes douceurs ;
   Et qui cherches la délivrance
De ces vices honteux qui corrompent les mœurs.

A lire ces Quatrains ton intérêt t'invite :
   Tâche à les retenir par cœur.
Ils t'offrent les moyens de regler ta conduite :
Par eux tu deviendras ton propre Précepteur.

I.

Si tu veux vivre heureux, méprife l'opulence :
Garde toi de courir après l'or & l'argent :

Securam quicunque cupis traducere vitam ,
Nec vitiis hærere animum , quæ moribus obfunt.

Hæc præcepta tibi femper relegenda memento ,
Invenies aliquid , quo te nitare magiftro.

 I. Defpice divitias fi vis animo effe beatus ,

D

Au sein même de l'abondance
L'avare des mortels est le plus indigent.

I I.

Ce qui sert aux besoins dans l'usage ordinaire
Ne te manquera pas , si tu sçais en tout tems
      T'en tenir au seul nécessaire :
Peu de chose suffit pour nous rendre contens.

I I I.

Sans soins , & dépourvu de la raison commune ,
Si tu réussis mal à conserver tes biens ,
D'aucun aveuglement n'accuse la fortune :
      Ses yeux sont meilleurs que les tiens.

I V.

      N'aime l'argent que pour l'usage ;
Et de son vain éclat ne sois jamais épris :
      A ce trait on connoît le sage ,
Qui pour le métal seul ne sent que du mépris.

Quas qui suspiciunt , mendicant semper avari.

II. Commoda naturæ nullo tibi tempore deerunt,
Si contentus eo fueris , quòd postulat usus.

III. Cum sis incautus , nec rem ratione gubernes,
Noli fortunam , quæ non est , dicere cæcam.

IV. Dilige denarî , sed parcè dilige , formam :
Quam nemo sanctus , nec honestus captat habere.

V.

Pense dans l'opulence à jouir de la vie ,
Ne te refusant rien pour la santé du corps :
Le riche a des écus ; mais par la maladie
        Il perd le plus grand des trésors.

V I.

Confié dans l'enfance aux soins d'un maître austere ,
        Tu sçus te soumettre à ses coups :
Soumets-toi donc sans peine à l'empire qu'un pere
Veut exercer sur toi , lorsqu'il gronde en courroux.

V I I.

        Tâche en tout de tendre à l'utile :
Prens garde que l'erreur n'y glisse son venin :
        Si le travail est difficile ,
Soutiens-le par l'espoir d'un salaire certain.

V I I I.

Prête , à qui la reclame , une main généreuse ;
Donne , sans exiger aucun retour de lui :

V. Cum fueris locuples , corpus curare memento ;
Æger dives habet nummos , se non habet ipsum.

VI. Verbera quum tuleris discens aliquando magistri,
Fer patris imperium quum verbis exit in iram.

VII. Res age quæ prosunt : rursus vitare memento,
In quibus error inest , nec spes est certa laboris.

VIII. Quod donare potes , gratis concede roganti :

Aux yeux de l'ame vertueufe
C'eft travailler pour foi , que d'obliger autrui.

I X.

As-tu fur quelque point la moindre défiance ?
Attentif à t'inftruire , examine d'abord :
La plus légere négligence
Souvent gâte une affaire , & caufe bien du tort.

X.

Combattu par l'incontinence ,
Dans fes honteux liens crains-tu d'être arrêté ?
Obferve en tes repas la jufte temperance :
La crapule eft unie avec la volupté.

X I.

Sur ta timidité ne pouvant te contraindre ,
Si tu crains tous les animaux :
Confidere que l'homme eft beaucoup plus à craindre ,
Et capable lui feul de caufer tous les maux.

Nam rectè feciffe bonis in parte lucrofum eft.

IX. Quod tibi fufpectum eft , confeftim difcute quid fit :
Namque folent , primò quæ funt neglecta , nocere.

X. Cùm te detineat Veneris damnofa voluptas ,
Indulgere gulæ noli , quæ ventris amica eft.

XI. Cùm tibi proponas animalia cuncta timere ,
Caurus hominem tibi præcipio plus effe timendum.

XII.

Etant doué d'un corps vigoureux & robuste,
Fais pour devenir sage un généreux effort :
      C'est alors qu'on parlera juste,
Lorsqu'on te donnera le titre d'homme fort.

XIII.

Une peine d'esprit, un sujet de tristesse
T'oblige à rechercher un salutaire avis :
      Pense qu'aux maux de cette espece
Les meilleurs medecins sont les meilleurs amis.

XIV.

Pourquoi teindre l'Autel du sang pur des victimes ?
L'animal innocent doit-il pour toi mourir ?
      Sa mort n'efface pas tes crimes :
Celui qui fait le mal, doit lui-même périr.

XV.

      Cherchant un compagnon fidelle,
Et qui de l'amitié sache écouter les loix,

XII. Cùm tibi prævalidæ fuerint in corpore vires,
Fac sapias, sic tu poteris vir fortis haberi.

XIII. Auxilium à notis petito, si forte laboras,
Nec quisquam melior medicus, quàm fidus amicus.

XIV. Cùm sis ipse nocens moritur cur victima pro te ?
Stultitia est morte alterius sperare salutem.

XV. Cùm tibi vel socium, vel fidum quæris amicum,

Ce n'eſt pas de ſes biens l'eſtime criminelle ,
Mais ſa ſeule vertu qui doit fixer ton choix.

X V I.

Fais de tes revenus un honorable uſage :
De l'infâme avarice abhorre les liens.
      De ton or quel eſt l'avantage ,
Lorſque tu reſtes pauvre au milieu de tes biens ?

X V I I.

Veux-tu par ta conduite acquerir quelque eſtime ,
Et parmi les méchans n'être point confondu ?
      Evite la tache du crime ,
Et l'appas dangereux du plaiſir deffendu.

X V I I I.

      Si tu prétens au nom de ſage ,
Reſpecte la vieilleſſe en ſon infirmité :
      L'enfance eſt ſon triſte apanage ,
C'eſt un tribut qu'on doit à la caducité.

Non tibi fortuna eſt hominis , ſed vita petenda.

XVI. Utere quæſitis opibus , fuge nomen avari.
Quid tibi divitiæ proſunt , ſi pauper abundas ?

XVII. Si famam ſervare cupis , dum vivis honeſtam :
Fac fugias animo quæ ſunt mala gaudia vitæ.

XVIII. Cùm ſapias animo , noli irridere ſenectam ,
Nam quicunque ſenex , ſenſus puerilis in illo eſt.

XIX.

Bien que tu fois dans l'opulence,
A cultiver les arts donne ton premier foin.
De la fortune un jour fi tu fens l'inconftance,
L'art te refte ; & jamais ne te manque au befoin.

XX.

Pefe au dedans de toi, fans le faire paroître,
Ce que penfe un chacun en l'entendant parler :
Souvent fon difcours fait connoître
Ses mœurs, ce qu'il veut dire, & ce qu'il veut céler.

XXI.

L'étude en chaque état n'eft pas fans avantage :
De quelque art que tu fois fache en tirer du fruit.
De même que la main fe forme par l'ufage,
Par l'étude on forme l'efprit.

XXII.

Ne t'abandonne point à la funefte envie
De fçavoir le moment décifif de ton fort :

XIX. Difce aliquid, nam quum fubitò fortuna recedit,
Ars remanet, vitamque hominis non deferit unquam.

XX. Profpicito tecum tacitus quid quifque loquatur :
Sermo hominum mores & celat, & indicat idem.

XXII. Exerce ftudium quamvis perceperis artem :
Ut cura ingenium, fic & manus adjuvat ufum.

XXII Ne multum cures venturi tempora fati,

Quiconque s'accoutume à méprifer la vie ,
    Voit fans crainte approcher la mort.

X X I I I.

Ne bois de vin qu'autant que le befoin l'exige,
Si tu veux conferver une bonne fanté :
    Souvent le mal qui nous afflige
    Eft l'enfant de la volupté.

X X I V.

D'un plus fçavant que toi ne ceffe point d'apprendre :
    Toi-même inftruis les ignorans.
La fcience eft un bien qu'il faut par tout répandre ,
Et qu'on doit préférer aux tréfors les plus grands.

X X V.

As-tu fur certains faits donné quelque louange ,
    Qui dans le monde ait éclaté ?
Prends garde qu'auffi-tôt ton langage ne change
    Par efprit de légereté.

Non timet is mortem , qui fcit contemnere vitam.

XXIII. Difce , fed à doctis , indoctos ipfe doceto ,
Propaganda etenim rerum doctrina bonarum.

XXIV. Hoc bibe quod poffis , fi tu vis vivere fanus :
Morbi caufa mali eft homini quandoque voluptas.

XXV. Laudaris quodcumque palam , quodcumque probaris ?
Hoc vide ne rurfus levitatis crimine damnes.

XXVI.

XXVI.

Quand tu te vois tranquille au milieu des richesses,
Prens tes précautions contre l'adversité ;
       Et dans les plus grandes détresses
Attends le prompt retour de la prosperité.

XXVII.

       Jour & nuit ne cesse d'apprendre :
La sagesse ne croît que par des soins constans ;
Et la rare prudence , à laquelle on doit tendre ,
N'est que le fruit tardif du travail & du tems.

XXVIII.

Loue avec retenue , évitant de paroître
Du mérite d'autrui follement entêté :
Peut-être un jour viendra qui te fera connoître
       Quel est cet ami tant vanté.

XXIX.

Fais toi gloire d'apprendre , étant dans l'ignorance ;
Et pour croître en sçavoir ne néglige aucun soin :
       C'est vertu d'aimer la science ;
Et vice de rougir de s'instruire au besoin.

XXVI. Tranquillis rebus quæ sunt adversa caveto :
Rursus in adversis melius sperare memento.

XXVII. Discere ne cesses, curâ sapientia crescit :
Rara datur longo prudentia temporis usu.

XXVIII. Parcè laudato : nam quem tu sæpè probaris ,
Una dies , qualis fuerit, monstrabit amicus.

XXIX. Ne pudeat , quæ nescieris , te velle doceri :
Scire aliquid laus est , pudor est nil discere velle.

E

X X X.

Venus avec Bacchus a souvent des querelles ,
   Qui troublent les plaisirs des sens :
Crains de pareils débats les suites criminelles :
Ne te livre jamais qu'aux plaisirs innocens.

X X X I.

Sur l'homme taciturne , & d'humeur nonchalante ,
Pour la societé ne fais jamais de fonds :
   C'est où l'onde paroît dormante
Qu'elle cache souvent des abîmes profonds.

X X X I I.

Peu satisfait du train que prennent tes affaires ,
Considere l'état où sont celles d'autrui ,
   S'il a des revers moins contraires ,
Si tu dois t'estimer plus malheureux que lui.

X X X I I I.

Mesure à ton pouvoir la grandeur de l'ouvrage :
Le plus sûr , à qui veut fendre les flots amers ,
   Est de ramer près du rivage ,
Plutôt que de cingler vers le plus haut des mers.

XXX. Cum venere & Baccho lis est , & juncta voluptas.
Quod lautum est animo complectere , sed fuge lites.

XXXI. Demissos animo , ac tacitos vitare memento :
Qua flumen placidum est , forsan latet altius unda.

XXII. Quum tibi displiceat rerum fortuna tuarum :
Alterius specta , quò sis discrimine pejor.

XXXIII. Quod potes id tenta : nam littus carpere remis,
Tutius est multo , quàm velis tendere in altum.

XXXIV.

Par l'effet d'une haine injufte & criminelle,
N'entre point en procès contre un homme de bien :
  Le Ciel en femblable querelle
Du jufte qu'on opprime eft toujours le foutien.

XXXV.

Si la perte des biens te met dans la détreffe,
En ton affliction fois fage & retenu ;
  Mais montre une jufte allegreffe,
Si tu vois par hazard groffir ton revenu.

XXXVI.

  Souvent il arrive des pertes,
Qu'on ne peut fupporter d'un efprit bien foumis ;
Mais qui par point d'honneur doivent être foufertes,
Lorfqu'il faut ménager quelqu'un de fes amis.

XXXVII.

N'étant point affuré du tems que tu dois vivre,
Envifage de près le moment du trépas :
Comme tu vois ton ombre attachée à te fuivre,
  La mort te fuit à chaque pas.

XXXIV. Contra hominem juftum pravè contendere noli :
Semper enim Deus injuftas ulcifcitur iras.

XXXV. Ereptis opibus noli mœrere dolendo :
Sed gaude potius, tibi fi contingat habere.

XXXVI. Eft jactura gravis, quæ funt amittere damnis :
Sunt quædam quæ ferre decet patienter amicum.

XXXVII. Tempora longa tibi noli promittere vitæ :
Quocumque ingrederis fequitur mors, corpus ut umbra.

XXXVIII.

Viens offrir à ton Dieu l'encens & la priere :
Laisse pour le travail croître les animaux ;
Et ne crois pas du ciel appaiser la colere ,
    En versant le sang des taureaux.

XXXIX.

Cede à la force ouverte , & supporte l'empire
    D'un grand que tu dois ménager.
    S'il a le pouvoir de te nuire ,
Peut-être dans la suite il sçaura t'obliger.

XL.

As-tu fais quelque faute , en juge inexorable
    Toi-même tu dois te punir.
Ainsi que le malade , il faut que le coupable
Prenne un remede amer , & souffre pour guérir.

XLI.

Ne vas pas en public censurer la conduite
D'un homme qui longtems fut un de tes amis,
    Bien qu'il ait changé dans la suite ,
Pense toujours aux nœuds qui vous avoient unis.

XXXVIII. Thure Deum placa, vitulum sine crescat aratro :
Nec credas placare Deum , dum cæde litatur.

XXXIX. Cede locum læsus fortunæ , cede potenti :
Lædere qui potuit prodesse aliquando valebit.

XL. Cùm quid peccaris , castiga te ipse subinde ;
Vulnera dum sanas , dolor est medicina doloris.

XLI. Damnaris nunquàm post longum tempus amicum :
Mutavit mores , sed pignora prima memento.

L X I I.

Montre toi vivement senfible aux bons offices
Que dans l'occafion quelqu'un t'aura rendus ;
Et n'imite pas ceux près de qui les fervices,
     Et les plus grands foins font perdus.

X L I I I.

Ne fois point d'une humeur foupçonneufe & timide.
     Les hommes les plus malheureux
Sont ceux en qui la crainte & le foupçon réfide :
La mort en quelque forte eft moins trifte pour eux.

X L I V.

Commendant aux valets qui foignent ton ménage ,
     Epargne-les dans leur emploi.
Penfe, quand tu les vois gémir dans l'efclavage,
Qu'ils font tes ferviteurs, mais hommes comme toi.

X L V.

Dès que l'occafion devant toi fe préfente
Apporte tous tes foins pour pouvoir la faifir :
     Quelquefois vainement on tente
Ce qu'on a négligé de faire réuffir.

XLII. Gratior officiis quò fis mage, charior efto :
Ne nomen fubeas, quod dicitur officiperda.

XLIII. Sufpectus caveas : ne fis mifer omnibus horis :
Nam timidis & fufpectis aptiffima mors eft.

XLIV. Cùm fervos fueris proprios mercatus in ufus,
Et famulos dicas, homines tamen effe memento.

XLV. Quam primùm rapienda tibi eft occafio prima,
Ne rurfus quæras , quæ jam neglexeris antè.

XLVI.

Ne fais point éclater ta joie
Quand tu vois les méchans furpris par le trépas.
Heureux qui vit fans crime, & dans la droite voie
Termine fa courfe ici bas.

XLVII.

Ton deftin malheureux t'a fait prendre une femme
Qui n'a ni grand bien, ni pudeur:
D'ami de fes amans fui le furnom infâme,
De crainte d'ajouter le crime au deshouneur.

XLVIII.

Quelque inftruit que tu fois, penfe que la fcience
Doit s'augmenter chez toi de toutes les façons:
Fui cette vaine fuffifance
Qui ne veut pas d'autrui recevoir les leçons.

XLIX.

Tu feras furpris que mon ftile
Soit fi fimple & fi nud dans ces vers que j'écris:
J'ai voulu que le fens en devint plus facile,
Les mettant en quatrains pour être plus concis.

XLVI. Morte repentinâ noli gaudere malorûm :
Fœlices obeunt , quorum fine crimine vita eft.

XLVII. Cùm tibi fit conjux , nec res , & fama laboret :
Vitandum ducas inimicum nomen amici.

XLVIII. Cum tibi contingat ftudio cognofcere multa :
Fac difcas multa , & vites nil velle doceri.

XLIX. Miraris verbis nudis me fcribere verfus :
Hos brevitas fensûs fecit conjungere binos.

F I N.

APPROBATION.

J'Ai lû par ordre de Monseigneur le Chancelier un Manuscrit intitulé *Poësies sacrées*; & un autre intitulé *Poësies morales*, ou *les Préceptes de la vie civile*, &c. je n'y ai rien trouvé qui m'ait paru devoir en empêcher l'impression. A Paris ce 27 Janvier 1751.

DE LA DAINDE.

PRIVILEGE DU ROI.

LOUIS, par la grace de Dieu, Roi de France & de Navarre : A nos amés & féaux Conseillers les Gens tenant nos Cours de Parlement, Maître des Requêtes ordinaires de notre Hôtel, Grand-Conseil, Prévôt de Paris, Baillifs, Sénéchaux, leurs Lieutenans civils & autres nos Justiciers qu'il appartiendra, SALUT. Notre bien amé le Sieur ****, Nous a fait exposer qu'il désireroit faire imprimer & donner au Public un Ouvrage qui a pour titre : *Poësies sacrées & Morales*, s'il Nous plaisoit lui accorder nos Lettres de permission pour ce nécessaires. A CES CAUSES, voulant favorablement traiter l'Exposant, Nous lui avons permis & permettons par ces Présentes de faire imprimer ledit Ouvrage en un ou plusieurs Volumes, & autant de fois que bon lui semblera, & de le faire vendre & débiter par tout notre Royaume, pendant le tems de trois années consécutives, à compter du jour de la date des Présentes. Faisons défenses à tous Imprimeurs-Libraires, & autres personnes de quelque qualité & condition qu'elles soient, d'en introduire d'impression étrangere dans aucun lieu de notre obéissance, à la charge que ces Présentes seront enregistrées tout au long sur le Registre de la Communauté des Imprimeurs & Libraires de Paris, dans trois mois de la datte d'icelles ; que l'impression dudit Ouvrage sera faite dans notre Royaume, & non ailleurs, en bon papier & beaux caracteres, conformement à la feuille imprimée, attachée pour modéle sous le contrescel des Présentes, que l'Impétrant se conformera en tout aux Réglemens de la Librairie, & notament à celui du 10 Avril 1725. & qu'avant de les exposer en vente, le Manucrit ou Imprimé qui aura servi de copie à l'impression dudit Ouvrage sera remis dans le même état où l'approbation y aura été donnée ès mains de notre très-cher & féal Chevalier Chancelier de France, le Sieur

DE LA MOIGNON, & qu'il en sera ensuite remis deux Exém
plaires dans notre Bibliothéque publique, un dans celle de
notre Château du Louvre, un dans celle de notre très-cher
& féal Chevalier Chancelier de France, le Sieur DE LA
MOIGNON, & un dans celle de notre très-cher & féal
Chevalier Garde des Sceaux de France, le Sieur DE MA-
CHAULT, Commandeur de nos Ordres, le tout à peine de
nullité des Préfentes, du contenu defquelles vous man-
dons & enjoignons de faire jouir ledit Expofant & fes
ayans caufes, pleinément & paifiblement, fans fouffrir
qu'il leur foit fait aucun trouble ou empêchement. Vou-
lons qu'à la copie des Préfentes, qui fera imprimée tout
au long, au commencement ou à la fin dudit Ouvrage,
foi foit ajoûtée comme à l'original. Commandons au premier notre Huiffier ou Sergent fur ce requis, de faire pour
l'éxécution d'icelle, tous Actes requis & néceffaires, fans
demander autre permiffion, & nonobftant clameur de
Haro, Charte Normande, & Lettres à ce contraires ; CAR
tel eft notre plaifir. DONNE' à Verfailles le vingt-feptiéme
jour du mois de Février, l'an de grace mil fept cens
cinquante & un, & de notre regne le trente-fixiéme. Par
le Roi en fon Confeil. SAINSON.

*Regiftré fur le Regiftre XII. de la Chambre Royale & Syn-
dicale des Libraires & Imprimeurs de Paris N°. 562. Fol.
438. conformement au Réglement de 1723. qui fait défenfe
Art. 4. à toutes perfonnes de quelque qualité & condition
qu'elles foient, autres que les Libraires & Imprimeurs, de
vendre, débiter, & faire afficher aucun Livre pour les vendre en leurs noms, foit qu'ils s'en difent les Auteurs ou au-
trement, & à la charge de fournir à la fufdite Chambre,
neuf Exemplaires prefcrits par l'Art. 108. du même Regle-
ment. A Paris ce 19 Mars 1751.*

Signé LE GRAS, *Syndic.*

De l'Imprimerie de BALLARD, feul Imprimeur du Roi,
pour la Mufique, & Noteur de la Chapelle de Sa Majefté, rue Saint Jean - de - Beauvais, à Sainte Cecile.